通天河流域岩画

青海省文物考古研究所
四川大学历史文化学院考古学系　编著
四川大学中国藏学研究所
成都文物考古研究院

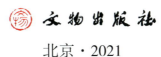 文物出版社
北京·2021

图书在版编目（CIP）数据

通天河流域岩画／青海省文物考古研究所等编著.
—北京：文物出版社，2021.12
　　（青海玉树田野考古报告集；1）
　　ISBN 978 - 7 - 5010 - 7238 - 5

　　Ⅰ.①通⋯　Ⅱ.①青⋯　Ⅲ.①岩画—美术考古—调查
报告—玉树藏族自治州　Ⅳ.①K879.424

　　中国版本图书馆 CIP 数据核字（2021）第 195736 号

通天河流域岩画

编　　著：青海省文物考古研究所　四川大学历史文化学院考古学系
　　　　　四川大学中国藏学研究所　成 都 文 物 考 古 研 究 院

责任编辑：黄　曲
封面设计：程星涛
责任印制：张　丽

出版发行：文物出版社
社　　址：北京市东城区东直门内北小街 2 号楼
邮　　编：100007
网　　址：http://www.wenwu.com
经　　销：新华书店
印　　刷：宝蕾元仁浩（天津）印刷有限公司
开　　本：889mm×1194mm　1/16
印　　张：13.25
版　　次：2021 年 12 月第 1 版
印　　次：2021 年 12 月第 1 次印刷
书　　号：ISBN 978 - 7 - 5010 - 7238 - 5
定　　价：330.00 元

Archaeological Monograph Series of the Qinghai Yushu Tibetan Autonomous Prefecture, Volume I

The Rock Art in the Tongtian River Basin

(With an English Abstract)

by

The Institute of Cultural Relics and Archaeology, Qinghai Province

Department of Archaeology of the School of History & Culture, Sichuan University

Center for Tibetan Studies of Sichuan University

Chengdu Cultural Relics and Archaeology Research Institute

Cultural Relics Press

Beijing · 2021

续写青藏高原考古的新篇章

  青海是青藏高原的重要组成部分，从自然与人文两个方面构成了中国西部富有特色的景观带。从地理位置上看，青海处于号称"世界屋脊"的青藏高原东北隅，周围被部分昆仑山、阿尔金山、祁连山、唐古拉山、巴颜喀拉山、积石山等山脉所环绕，地势由西向东倾斜。与同处这一地理单元内的西藏高原相比较，青海的自然环境更为优越，境内大部分地区的海拔均在 2000 米至 4500 米之间，湟水、黄河谷地和柴达木盆地的海拔则只有 2000 米至 3000 米，可以大致划分为三个各具特色的地理区域：北半部为河西走廊南侧祁连山脉所隔阻而成的高原，自然景观主要为沙漠和草原；南半部为昆仑山脉以东的延伸地带，为长江和黄河两大河流的发源地带，自然景观为起伏的山地、连绵的高原河谷与宽广的草原相接；东半部则为河湟区域，自然景观以山脉、河谷盆地相间排布，是青海海拔最低也最为温暖的地带。总体而言，青海境内大部分地区地势起伏和缓、地域辽阔，由各条山脉所分割形成宽谷与河谷地带，根据不同的纬度高低形成若干条从西北向东南方向延伸的自然通道。有学者曾经形象地将这些自然通道称之为"冰原之道""河谷之道""水草之道"和"绿洲之道"①。活动在青海不同地区的古代人群，通过长期适应这一自然环境，在高海拔的青藏高原顽强地生存繁衍，同时也利用这些自然通道积极向外开拓发展，为青海古代文明史写下了重要的篇章。其中，考古实物史料的不断发现与增长更是如同习近平总书记所指出的那样，"延长了历史轴线，增强了历史信度，丰富了历史内涵，活化了历史场景"。

  青海省的文物考古工作在 19 世纪末 20 世纪初便开始起步。中华人民共和国成立以来，不断取得新的成绩。由于青海特殊的地理环境和历史上长期形成的多民族共同开拓发展青藏高原的历程，文物考古工作在一些重要的研究领域内备受关注。

  首先，是人类进入青藏高原的时间、路线和逐步拓殖高原的进程这一重大问题。青海旧石器时代遗存早在 20 世纪 50 年代中期便有可可西里地区砾石砍砸器、刮削器的发现。20 世纪 80 年代以后，在小柴达木湖畔又发现了能确定原生地层的旧石器时代地点，还发现了拉乙亥、达玉台等细石器遗存，以及与新石器时代陶器共存的朱家寨、柳湾、麻尼湾等细石器遗存，甚至更晚的与青铜器共存的青海湖畔卡约文化石棺葬中的细石器遗存。近年来，随着青藏高原一系列具有地层

---

① ［日］阿子岛功：《青海シルクロードの自然环境——谷あいの道、水草の道、緑洲の道、冰原の道》，《中国·青海省におけるシルクロードの研究》，《シルクロード学研究》，2002，14：37 - 77.

关系的旧石器时代遗存的发现，人类踏上青藏高原的时间表已经上溯到距今 13 万年至 5 万年①，而青海地区无疑是其中重要的通道之一。在多个地区新发现数量众多的石器地点，为总体上认识青藏高原人类的分布、活动以及生存情况提供了新线索和新材料。

其次，青海的古代岩画早在 20 世纪 80 年代就开始进入考古学者的关注视野。由于青海地域辽阔，与中国北方和欧亚草原有着天然的联系，具有丰富内容和凿刻技法的岩画先后在青海海西野牛沟、卢山、怀头他拉和海北舍布齐等地被调查发现，画面上出现了野牛、野马、羚羊、盘羊、熊、豹、狼等多种动物形象，以及人骑马、狩猎、放牧、驾车等各种场景，极大地活化和丰富了青海古代不同民族的生产与生活画面。虽然对于岩画的年代问题始终是一个困扰着学术界的难题，但这些岩画资料的不断积累和增长，如果将其放置到一个较为广阔的时空范围内加以认识，则对于研究青海古代社会历史仍不失为重要的史料。

再次，随着公元 7 世纪青藏高原吐蕃政权的建立，尤其是唐代吐蕃对于吐谷浑的占领，使得青藏高原的政治关系和民族格局也出现了重大的变化。一方面，是吐蕃文化进入青海地区，不仅在青海湖周边发现了以都兰热水墓地为代表的诸多大型吐蕃墓地，具有吐蕃时代文化特征的覆斗形封土墓、石棺墓等也在玉树、果洛等地相继发现。另一方面，青海境内的吐谷浑故地也不断发现仍然保持着吐谷浑王族自身文化特点的考古文化遗存，例如新发现的乌兰泉沟一号墓等。无论是吐蕃还是吐谷浑等族群，都与中原文化保持着密切的交往和联系，在青海地区呈现出特有的多民族文化相互融合、交相辉映、丰富多彩的北朝至唐代文化面貌。

这个时期，两个具有重要标志性特点的考古成就尤其值得关注。

其一是，从史前时代开始，经过南北朝时期继而开发形成的"青海道"（也称"河南道""羌中道"等），在唐代吐蕃时期得到了进一步的扩展，与原有的"沙漠丝绸之路"相互融合、交汇和重组，奠定了"高原丝绸之路"的主干线、重要驿站、交汇点等标志性要素。唐代中原王朝和兴起于青藏高原的吐蕃政权对青海一地的争夺，虽然最终以吐蕃对青海的占领而告一段落，但这并没有隔绝中原与青海、西藏等地传统的交流往来。吐蕃出于其长远的谋略，在夺取青海之后，向东将其控制区域直接与唐代中原地区相接连，既可由青海东进河湟，也可由青海北出西域，通过西域丝绸之路，经印度河上游的大小勃律（今雅辛及吉尔吉特地区）、护密（今阿姆河上游的瓦罕河谷地区）等地以及中国新疆地区南疆的于阗（今和阗）、喀什一线，直接将其势力扩张到中亚地区。这个时期许多具有西亚、中亚和南亚文化特点的金银器、钱币、丝织品、马具等通过不同渠道进入青海地区，在考古学上都留下了丰富的遗存，成为研究"一带一路"尤其是以青藏高原为主要经由之地的"高原丝绸之路"极其重要的实物史料。

其二是，北朝、唐以来随着佛教在中土的不断传播，加之唐代敦煌、吐蕃和西域佛教的交互影响，也对青海地区佛教考古艺术独特风格的形成产生了重要的作用。除早年在青海玉树发现的大日如来殿（习称为"文成公主庙"）以外，近年又相继在勒巴沟、大日如来殿等地新发现了一批具有汉藏佛教艺术风格的造像、题刻，尤其是大日如来殿后山崖面上新发现的题刻中，还有用

① 据四川省文物考古研究院在青藏高原东缘稻城皮洛旧石器时代遗存的发现，在不晚于距今 13 万年前，已经出现了以成熟的手斧系统为主要特征的旧石器时代文化。资料尚待正式公布。

汉文、藏文、梵文三体文字刻写的《波罗蜜多心经》，更是生动地体现了佛教在青海地区不断民族化、中国化的历史进程，也是"高原丝绸之路"上佛教文化传播与变迁的真实写照。

　　青海省文物考古研究所长期以来承担着青海省考古与文物工作的重任，经过几代学人的不懈努力，开拓出青海考古一个又一个的新局面。在许新国先生、任晓燕先生、乔虹先生、武国龙先生等几任所长的大力推动之下，青海省文物考古研究所与各高校、研究机构之间的合作也在不断加强。四川大学中国藏学研究所、四川大学考古文博学院（原历史文化学院考古学系）作为国内长期以来坚持在青藏高原开展科学考察和考古调查、发掘的重要涉藏研究机构，和青海省文物考古研究所建立了密切而广泛的交流与合作关系，取得了一些重要的合作成果。目前出版的这套青海考古报告集，就是我们双方共同努力的产物之一。

　　通过《通天河流域岩画》《登额曲细石器遗存》《勒巴沟与贝纳沟佛教摩崖石刻》这几部考古报告，我们可以从中窥见上述几个研究领域内一些重要的考古新发现和初步的研究成果。这些研究成果主要出自两个合作单位部分中青年学者之手，虽然难免还会存在着这样那样的问题与不足之处，但这仍是具有标志性意义的一大步，它不仅显示出青海考古具有广阔的发展空间，也预示着一批学术新人将会在前人的基础上大展身手，不断继承、开拓和创新，续写青藏高原考古的新篇章。

　　谨以此文感谢青海省文物局、青海省文物考古研究所的各位领导和同仁，也祝贺双方共同组建的这一研究团队取得的新成绩，更预祝未来的青海考古前程远大，更上层楼！

霍 巍

2021 年 10 月于四川大学江安花园

内容简介

本报告刊布的是 2012~2014 年期间，青海省文物考古研究所、四川大学历史文化学院考古学系、四川大学中国藏学研究所、成都文物考古研究所等单位在青海玉树藏族自治州联合开展岩画调查的主要收获和初步研究成果。报告分为六章，分别介绍了青南高原自然地理、人文地理及岩画田野调查工作的概要情况，记录了治多、曲麻莱、玉树、称多四县市的 19 处岩画遗存，发表了调查者对这批岩画遗存的初步分析与认识。

19 处岩画遗存皆位于长江河源段（即通天河）及其南、北两侧支流的河谷地带，地处北纬 33°44′~34°89′、东经 94°77′~96°70′ 之间，海拔高程 3615~4479 米。田野调查共发现 1250 个单体图像，分布在 19 处地点的 142 个岩石面上，其中可辨识确认的图像约 1000 个，包括动物图像 742 个，人物、神灵、建筑物、图形符号、车辆、工具、器物等类图像约 200 个。岩画内容主要表现了古代畜牧、狩猎及神灵崇拜等主题。

调查者的初步分析和研究认为：通天河流域岩画展现了公元前一千纪以来该地区的早期畜牧／游牧文化的诸多特征，早期岩画大致距今 3000~1300 年，晚期岩画大致距今 1300~500 年。在近 2.8 万平方千米的岩画分布区内，通天河流域岩画显示出由西向东、从北及南扩散的趋势，即以通天河为纵轴，上游及其北侧支流的岩画在整体上可能早于下游及其南侧支流的岩画遗存。

调查者还认为：岩画中牦牛和公鹿图像占动物图像的绝大多数（合占 80%，其中牦牛占 58%，公鹿占 22%），其他动物图像如羊、马等数量较少，这与中亚岩画和中国北方岩画所表现的动物结构（羊、马占有较大比重）明显不同，体现了青南高原岩画在地理环境和文化传统两个方面的独特之点，以及与整个青藏高原古代文明之间密切的关联性。通天河流域岩画与藏北羌塘高原岩画、藏西阿里高原岩画构成了一条东西走向的"高原岩画走廊"，是青藏高原早期游牧部落主要活动的"北方台地"。

通天河流域岩画尤其是早期岩画的发现与研究，将为青藏高原新石器时代之后、吐蕃政权建立之前这个重要时段的研究提供重要的图像化史料。

前　言

　　通天河流域岩画遗存的专门调查，是青海省玉树藏族自治州 2010 年地震灾后文物保护工作田野调查的一个部分。本报告所刊布的岩画资料，是 2012~2014 年期间由青海省文物考古研究所联合四川大学历史文化学院考古学系、四川大学中国藏学研究所、成都文物考古研究所等单位在玉树州及其所辖各县政府及文化部门支持下，经过三个年度的田野工作积累而成。

　　报告在编写上有几点考虑：一是以县级行政区分章叙述各个岩画地点，便于读者了解岩画遗存的现区位所属；二是各章的排序以田野调查工作时间先后为原则；三是对岩画遗存的记录描述，主要从考古学及其田野工作的原则和要求出发，尽可能表述遗存本体的多个方面，希望由此为读者提供了解岩画的多重依据；四是本报告刊布的岩画遗存虽皆地属玉树州，但观察和分析将其置于"青南高原"这个特定的自然地理单元，意在突出整个青藏岩画的地理环境意义和区域文化意义，即在整个青藏高原古代岩画呈东西向带状的展布中，通天河流域岩画在其东部的高海拔遗存特性。

　　通天河流域岩画具有青藏高原早期狩猎 / 畜牧经济文化的"特质性"，在"青藏高原岩画圈"与"内蒙古新甘宁岩画圈"两大岩画圈接触中具有重要的区位意义，从中不难看到青南高原早期牧业文化在与周邻文化的互动中所受到的影响，这些或可引发研究者对青南高原早期历史的进程有更多思考。

插图目录

第一章 概 况

一、青南高原地理

（一）自然地理

"青南高原"是青海省综合自然地理的分区概念。地理科学根据气候特点将青海省自然地理划分为三个"一级区"，即以祁连山东部、青海湖盆地及河湟谷地为代表的"东部季风区"，以阿尔金山脉－祁连山区和柴达木盆地为主的"西北干旱区"，昆仑山以南、唐古拉山以北的高海拔地区则为"青南高寒区"[①]。三大气候区的划分，体现了青海省宏观自然地理的特点，既概括了三大气候区内部诸种自然特性的相对一致性，同时在很大程度上也概括了各气候区的人文特征，即"人类活动、对自然界的利用及环境整治方向上的一致性"[②]，这是了解青南高原人文地理与自然地理关联性的基础。

青南高原总面积约 38 万平方千米，占青海省政区面积的 52%，地处北纬 31°30′~36°15′、东经 89°30′~102°30′，平均海拔在 4200 米以上，是中国地势第一阶梯的腹心部分。在地质构造上，青南高原是古地中海（特提斯海）构造带的重要部分，中生代以来一直处于轻微上升与剥蚀阶段，在地貌上表现为大部分地区呈准平原化（夷平面发育），又因其西部上升幅度大于东部，故青南高原的总地势是自西向东倾斜。构造线与岩层的走向，在其西部基本上呈东西向展布，而向东则逐渐转为北西—南东向，或北西—南南向，成为横断山地理区的北端部分。（图 1–1）

青南高原因北部东昆仑山系和南部唐古拉山系及其众多支脉横亘其间，主要山峰高度在海拔 6000 米以上，因而被视为青海省的"极高区"。依地貌特点的区别，青南高原又分为三个亚区，自北向南为"东昆仑山区""江河源高原区"和"唐古拉山区"[③]，其中"江河源高原区"面积最大。因此，狭义的"青南高原"通常指东昆仑山系与唐古拉山系之间以长江、黄河、澜沧江"三江源"为标志的青南高海拔区。

---

① 青海省综合自然区等级分为三级：大区（一级区）、地区（二级区）、小区（三级区）。参见张忠孝：《青海地理》第 116~124 页第六章第二节"综合自然区划的原则与方案"，科学出版社，2016 年。
② 张忠孝：《青海地理》第 121 页，科学出版社，2016 年。
③ 同上注，第 6~7 页。

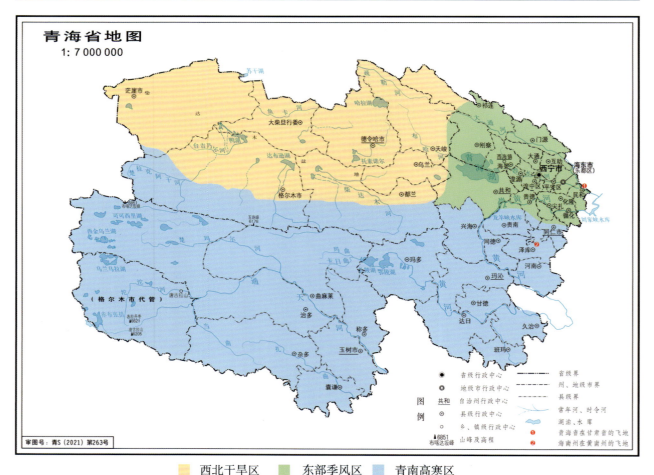

图 1-1　青海省三大自然地理区分布图

　　在不同的内外营力作用下，青南高原三个地貌区自然环境特征区别明显。北部"东昆仑山区"是"羌塘高原"[①]极高区的组成部分，平均海拔 4800 米以上，属高原亚寒带干旱区（青海省气候ⅢD区[②]），低温少雨，年平均气温在 –4°C 以下，流水侵蚀作用微弱，因而地表形态起伏不大，多为平缓的高原面，以高原荒漠地貌为主。

　　中部的"江河源高原区"属高原亚寒带半干旱半湿润气候区（青海省气候ⅡC区[③]），年降水量可达 300~400 毫米，地面相对温湿，平均海拔 4200 米以上，地貌以波状起伏的山原为主，呈线状切割的山地发育。植被以高原灌木林为主，是青南高原三江水源的主要涵养林区，在海拔 3000~4800 米的峡谷及山崖阴坡和局部地区的阳坡，生长有杜鹃灌木林、山生柳灌木林、金露梅灌木林、鬼箭锦鸡儿灌木林等，历来是高海拔牧业为主的地区。

　　青南高原的南部及东部，是中国地势第一阶梯向第二阶梯的过渡地带，长江、黄河、澜沧江及其众多支流蜿蜒于高山草地与深切峡谷之间，相对高差达 700~800 米，海拔多在

---

① "羌塘"为藏语读音，意为"北方高地"。在青藏高原自然地理与人文地理中，多指冈底斯山脉以北的高海拔地区，即高原面发育的地区。在行政区划上，大体包括西藏自治区的那曲地区和阿里地区北部，以及青海省玉树州西北部等地区。
② 青南高原气候分区根据张忠孝：《青海地理》第 41~44 页，科学出版社，2016 年。
③ 同上注。

3500~4000 米。气候属高原亚寒带湿润区（青海省气候ⅡA区[①]），在江河侵蚀切割形成的河谷阶地或山间盆地，气候温和湿润，年降水量与青海省东部黄土地区、青藏高原东部横断山区相近，可达 400~500 毫米；由于纬度低于海拔相同的北部祁连山区，因此地面热量条件优于后者，年日照时数可达 2500 小时，宜种植青稞、油菜、马铃薯等农作物，是青南高原河谷农业的主要生发地。

青南高原是黄河、长江、澜沧江三大水系河源所在，其中长江水系流域面积最大。长江干流流经曲麻莱、治多、称多、玉树四县市的河段俗称"通天河"[②]。通天河及其两侧支流河谷则是高原岩画的主要分布地。从长江源头到通天河出青海省处，干流总长 1123 千米，流域面积 15.84 万平方千米，多年平均径流量 180 亿立方米，占青海全省河流多年平均径流量的 28.8%，是青海省的第二大河流（次于黄河）。

长江干流在青海省境内可分为三段：源头（沱沱河）至楚玛尔河（又称曲麻河、曲麻莱河）汇口处为江源段，即通天河上段，长 630 千米，支流众多，河道宽阔，水流较缓，水面最宽处在 200 米以上，主要支流有扎木曲（杂曲，"曲"即藏语河、水之意）、北麓河（勒池勒玛曲）、楚玛尔河、当曲、莫曲、牙曲（牙哥曲、雅科曲）和口前曲（科欠曲）等。

从楚玛尔河汇入长江处至治多县登额曲汇口为通天河中段，长 203 千米，流域面积近 2 万平方千米。此段河流两岸相对高度增至 100~500 米，阶地发育。主要支流有色吾曲、聂恰曲（宁恰曲）、登额曲（登艾龙曲）等。

登额曲汇口至长江出青海省处为通天河下段[③]，长 290 千米，流域面积 1.85 万平方千米。该河段两岸地势高于中段，山峰与河面相对高差增至 400~600 米，干流穿行于"U"形或"V"形河谷之间，迂回曲折的河道形成河谷"束""放"相间的特点，河面宽度 60~200 米。从登额曲汇口的海拔 4000 米到出青海省处的海拔 3330 米，河面落差近 700 米，是通天河落差最大的一段，为典型的峡谷河流。主要支流有德曲（代曲）、曼宗曲（益曲）、巴塘河（札曲）等。河流两岸有多级阶地断续分布，植被主要为灌木片林，间有小片乔木林。在山地农业较发达的玉树、称多等市县共有农田 14 万亩（1 亩 = 666.67 平方米，下同），干流两岸阶地及支流河谷可常年种植青稞、小麦、油菜、白菜、萝卜等农作物。

青南高原长江（通天河）及其支流两岸广泛出露有不同山系的基岩，它们是岩画遗存的特质载体。通天河北侧属于东昆仑山系岩相的基岩主要有千枚岩、花岗岩、片麻岩、硬砂岩和云母片岩等，南侧属于唐古拉山系岩相的则主要为红色砂岩和石灰岩等。数千年来，这些岩石不仅记录了古代居民刻制的内容丰富的岩画，也是佛教文化形成以后宗教图像符号和文字的载体，它们与通天河流域的人文历史息息相关。

---

① 青南高原气候分区根据张忠孝：《青海地理》第 41~44 页，科学出版社，2016 年。
② "通天河"为汉语名称，一说源于清初汉地来藏人士对长江上游"沱沱河"的讹写，后一直沿用至今。藏语称通天河为"治曲"（音），意为"母牦牛河"。
③ 按照地理学称谓，长江通天河河段出青海省后即称金沙江。

（二）人文地理

　　青南高原在行政区划上包括玉树、果洛两个藏族自治州全境，以及黄南、海南两个藏族自治州的南部和海西蒙古族藏族自治州格尔木市代管的唐古拉山镇[①]。其中以玉树藏族自治州面积最大（面积为 26.7 万平方千米，占全省政区面积的 37%），约占青南高原总面积的 70%；其次为果洛藏族自治州（面积为 7.6 万平方千米），约占青南高原总面积的 18%；再次为海西蒙古族藏族自治州唐古拉山镇（面积为 4.7 万平方千米），约占青南高原总面积的 10%。因此在人文地理上，玉树藏族自治州可视为青南高原的主要行政管理区。（图 1-2）

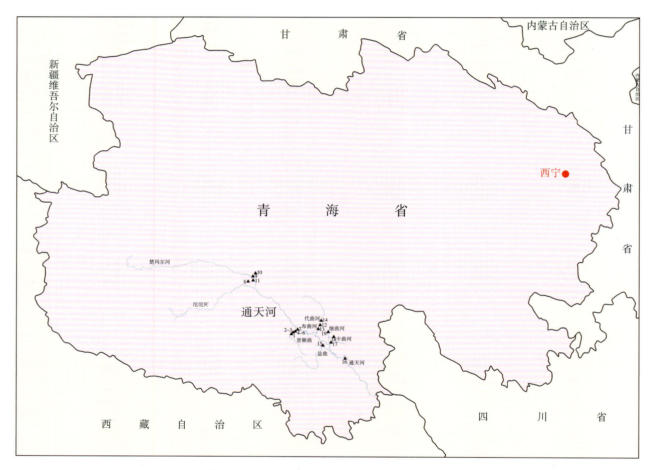

图 1-2　通天河流域岩画分布区域示意图

　　玉树州平均海拔 4200 米以上，北与海西州相连，西北与新疆维吾尔自治区巴音郭楞蒙古自治州接壤，东与果洛州互界，东南与四川省甘孜藏族自治州毗邻，西南与西藏自治区那曲、昌都两市相邻，下辖玉树、称多、囊谦、杂多、治多、曲麻莱 1 市 5 县，全州人口 42.52 万（2020 年第七次全国人口普查数据）。

　　青南高原的主要聚居民族为藏族，青海全省 148.25 万藏族人口中绝大多数分布在青南高原的 4 个藏族自治州和 1 个蒙古族藏族自治州。玉树州是青南高原面积最大的行政区，但人

[①]　原属玉树州。1980 年 7 月，青海省人民政府发文（青政〔1980〕183 号）确定，由格尔木市"代管玉树藏族自治州唐古拉山公社"（乡），2005 年，格尔木市撤销唐古拉山乡，设立唐古拉山镇。

口密度却很低，全州 41 万藏族人口在全省藏族人口中仅占 27% 左右，在全省总人口数中则只占 7%，因此玉树州的民族分布、人口规模显得十分独特，是中国主体民族人口比例最高（96%）、人口密度最低（2 人 / 平方千米）的少数民族自治州。

在历史中形成的藏语三大方言区中，青南高原的玉树州与地处横断山区的西藏昌都市、四川甘孜州、云南迪庆市同属"康方言区"，而同处青南高原的果洛州则属"安多方言区"，相邻两州在方言属性上的差异，显示了在区域文化的多个方面，玉树地区的历史发展有其自身特点。

在青藏高原的人类发展史上，玉树地区是史前人群活动频繁的地区之一。最新考古材料显示，海拔 4000 米以上的治多县登额曲河谷早在距今 8000~6500 年时已有一定规模的人群居住①。在距今 5000 年前后的新石器时代，玉树地区则是黄河流域"宗日文化"与澜沧江流域"卡若文化"的交互影响地区，新石器时代前期起源于北方黄土地区的粟、黍农作物及其种植技术通过玉树一带扩散到了藏东澜沧江流域。《汉书》《唐书》等汉文史籍则称先秦时期青藏高原为"发羌""唐旄"，为多部落组成的"古羌"之地。及至公元四五世纪之后，青藏高原出现了悉补野、苏毗、羊同、附国、党项、吐谷浑等多个部落联盟，其时青南玉树一带为"苏毗""多弥"等部落联盟的属地。至公元 7 世纪之前，藏族先民在今海西州和通天河流域已有相当规模的分布。公元 7 世纪上半叶之后，吐蕃赞普松赞干布建立吐蕃政权并主动与唐王朝和亲，使其势力迅速扩大，很快兼并、控制了青藏高原上大大小小的部落，包括玉树在内的青南高原遂成为吐蕃属地，史称"孙波茹"。

在吐蕃政权统治整个青藏高原的约两百年间，玉树地区因其特殊的地理位置成为吐蕃政治势力东进、南下的战略要地，也是吐蕃与周邻地区物资贸易和文化互动的交通枢纽。玉树经芒康 – 巴塘 – 雅安一线，曾与唐朝西南重镇、剑南节度使治所益州（今成都）地区在丝绸、茶叶等商贸经济和佛教文化方面有着频繁密切的来往；从玉树沿澜沧、金沙两江经芒康、迪庆一线，则是吐蕃 750~794 年间与南诏结成政治联盟的通道。根据对青、藏、川三省结合地带吐蕃时期石刻佛教造像的调查与研究，可以断定从玉树北上经四川石渠到甘青交界的扁都口，南下经西藏江达、察雅到芒康一带，至少在公元 9 世纪前半叶已形成了一条藏 – 汉佛教文化传播的重要路径，以巴廓·意希央为首的藏汉工匠团队在这一带留下了多处摩崖石刻佛教造像遗存。经考古调查确认的察雅仁达摩崖造像及经文与题记、察雅香堆寺弥勒殿石雕造像、芒康嘎托和然堆的摩崖造像、朗巴朗增佛堂石雕造像，以及玉树贝纳沟（公主庙）和勒巴沟石刻造像和经文、石渠洛须镇照阿拉姆等多处造像和题记、民乐县扁都口石佛寺造像和题记等众多遗迹显示，吐蕃从察雅、芒康一带经玉树、石渠、多麦、民乐等地前往敦煌或长安，有一条与历史文献所载"唐蕃古道"并存的重要文化孔道②。佛教文化不仅由此地贯通南

---

① 青海省文物考古研究所、四川大学考古学系、四川大学中国藏学研究所等：《青海省治多县参雄尕朔遗址的调查与发掘》，《中国文物报》2014 年 2 月 14 日第 8 版。

② 参见：四川大学中国藏学研究所、四川大学考古系、西藏自治区昌都芒康县文物局等：《西藏芒康嘎托镇新发现吐蕃摩崖石刻调查简报》，《藏学学刊》第 16 辑，中国藏学出版社，2018 年；西藏自治区文物保护研究所、陕西省考古研究院：《西藏昌都察雅县向康吐蕃造像考古调查简报》，《西藏文物考古研究》第 2 辑，科学出版社，2016 年；熊文彬：《唐蕃古道上吐蕃时期的大日如来造像》，《第三届汉藏佛教艺术国际学术研讨会论文提要集》，2006 年；四川省文物考古研究院、石渠县文化局：《四川石渠县新发现吐蕃石刻群调查简报》，《四川文物》2013 年第 6 期；陕西省考古研究院、西藏自治区文物保护研究所：《西藏察雅县丹玛札摩崖造像考古调查简报》，《考古与文物》2014 年第 6 期；巴桑旺堆：《关于仁达吐蕃摩崖石刻的几个问题——仁达吐蕃摩崖石刻实地考察心得》，《中国藏学》2017 年第 2 期。

北，更有林芝市米瑞乡第穆萨摩崖碑刻、工布江达县洛哇傍卡摩崖造像与其东西呼应，因此吐蕃政治势力以玉树为支点，由此南下可通南诏，西去可接卫藏腹地，北上则达"丝绸之路"。如今操藏语康方言的玉树地区一直处于卫藏、康、安多三大方言区的结合部，可见其语言渊源由来已久，其背景亦与地域历史密切相关。

公元 10 世纪后，宋王朝保持了之前与青海吐蕃属地的政治关系，以期共同防御西夏。分布在河湟地区的藏族部落形成了唃厮啰政权集团，而玉树、果洛、海西等青南高原的牧业经济地理区，则仍然保留着原有的部落集团体制，其中居于治多县聂恰曲流域的嘎加洛部落最为强盛。公元 12 世纪中叶有来自今四川康定的吉乎·枯隆荣宝第 43 世孙智哇阿龙率领属民进入玉树，后来成为地方首领，史称"囊谦杰布"（囊谦王，亦称"囊谦小邦"）①。至公元 13 世纪，青藏高原藏族各部皆纳入元朝政权治辖之下，青南高原果洛一带由设在四川甘孜的"吐蕃等路宣慰使司都元帅府"统辖，而玉树地区则为帝师八思巴的领地，八思巴在颁发给囊谦王的文册中称"……囊谦部落所属六部落、一寺院、四千僧众、六千户俗民，继续由囊谦王管理"②。明朝建立后，于洪武年间开始对青海地区实行"多封众建"的治理原则，改设河州卫、西宁卫分别统辖青海各地藏族，青南高原玉树、果洛一带则由"朵甘行都指挥使司"管辖；明万历年之后，黄南地区由土默特蒙古洪萨巴图尔控制并改称"千户"，玉树地区仍由有明王朝颁发"官证"的囊谦王室统领各部，故"囊谦五室"的贵族僧侣屡被朝廷赐号为"功德自在宣抚国师"。及至清代，由青海办事大臣直接管辖的青海地区仍保持着地域有别、各领辖地的局面，玉树地区为囊谦千户领地，下有百户独立长等部落，玉树的阿里克等"西番四十族"与昌都等地"纳书克三十九族"共称"七十九族"；至清咸丰、同治年间，玉树部落始有"二十五族"之称。民国初期的 1915 年，北洋政府任命的"甘边宁海镇守使兼蒙番宣慰使"驻军结古（今玉树州行政驻地），设"玉树理事"管理"二十五族"政务。1928 年，国民政府行政院根据青海省政府建议，批准玉树地区成立玉树、囊谦、称多 3 县，统由玉树行政督察专员公署管辖，而县之下则仍沿袭了千百户制度，直至 1958 年彻底废除。

1949 年 10 月，人民解放军青海省军政委员会驻玉树特派员办公处成立，玉树地区始由新的人民政府行使管理职能。1951 年 12 月 25 日玉树藏族自治州成立，为青海历史上的第一个少数民族自治州，州治所仍驻结古镇，即今天的玉树市③。1955 年 7 月 2 日，原果洛藏族自治区改设果洛藏族自治州。之后，青南高原行政区划格局保持至今。

在经济地理上，青南高原一直是以牧为主、农牧兼营的高海拔生业区。以玉树州为例，全州现有草场 2.1 亿亩，其中可利用草场 1.7 亿亩，年产鲜牛奶 26500 吨、牛羊肉 45000 吨、羊毛 1300 吨、牛羊皮 90 万张。全州可耕地为 26.7 万亩，主要种植青稞、豌豆、马铃薯、油菜、芜根等农作物。初步探明的矿点现有 261 处，主要有金、银、铜、铁、铝、煤、硫黄、水晶、玉石等四十余种，总储量 300 亿吨。已查明的各类中药材 913 种，其中植物类药材 808 种；珍贵药材有虫草、知母、贝母、大黄、雪莲等植物类和鹿茸、麝香等动物类药材八十余种。

① 参见《玉树史略》（内部铅印本），转引自罗桑开珠：《浅述玉树在中华民族多元一体进程中的历史地位》，《西藏研究》2017 年第 3 期。
② 同上注。
③ 1952 年沿旧制设立的玉树县经国务院民政部批准，于 2013 年 7 月 3 日撤销，设立县级玉树市。

青南高原的东部，是全球动物"古北界"与"东洋界"的接壤区，在山谷、河谷林地和高原灌丛草甸之间，蕴藏着丰富的动物资源，总体上多为高寒气候区属种，包括偶蹄类中的野牦牛、藏羚等高原特有种，广泛分布的还有藏原羚、岩羊、盘羊、白唇鹿、藏驴等。珍稀动物主要有黄羊、马鹿、金钱豹、雪豹、猞猁、棕熊和珍禽黑颈鹤、马鸡等。鸟类属种数量居于青海省之首，如雪鸡、雪鹑、藏雀等均为高原独特种类。青南高原亦有小规模的森林资源，仅玉树州林地总面积就达 3900 平方千米，森林覆盖率为 2.1%。

概而言之，青南高原东南部在动物和植物资源两方面均优于青南高原北部，为历史上这一区域人类的生存与发展提供了基本条件。

二、岩画调查工作概况

（一）既往工作简况

相对国内其他省区的岩画研究而言，青、藏两省区岩画的科学调查与专门研究皆起步较晚。青海省岩画的科学调查与研究始于 20 世纪 80 年代。1982~1984 年，王利君、许新国、格桑本等先后报道了海北州刚察县、海西州都兰县发现的 2 处岩画[①]。1985~1988 年，青海省文物考古研究所与北京师范学院（现首都师范大学）艺术系在海西、海南两州进行了三个季度的岩画专题调查，共记录、刊布了 13 个岩画遗存点[②]。1985~1987 年，青海省文物考古研究所等单位实施的全省文物普查（全国第二次文物普查）中也时有岩画发现的报道。至 1996 年出版的《中国文物地图集·青海省分册》，共刊布全省岩画遗存点计有 17 处[③]，其中绝大多数地点都发现于青海湖周围及柴达木盆地，青南高原仅有 1 处岩画[④]。至 2010 年前后，青海省文物考古研究所与玉树州、海西州等地文物、文教单位的人员在野外考察中亦发现有岩画，如青海省文物考古研究所吴平、蔡林海等和玉树州文教部门的尕玛图嘎、尕格、尼玛江才、甲央尼玛等根据当地民众提供的线索，先后在青南高原通天河流域发现多处岩画，并在最近有所刊布[⑤]，引发了国内外岩画研究者和学术界对通天河流域岩画的关注，并由玉树州文化、文物部门举办过两次岩画专题的学术研讨会[⑥]。

（二）2012~2014 年调查概况

2010 年 4 月玉树特大地震发生后，青海省文化厅、文物局协调省内外多家专业机构对玉树全州开展了灾后文物排查和重点文物保护单位的维修工作，并由青海省文物考古研究所会

① 利君（王利君）：《"哈龙"古代岩画简介》，《青海社会科学》1982 年第 5 期，第 113~115 页；许新国、格桑本：《青海海西州哈龙沟、巴哈毛力沟的岩画》，《文物》1984 年第 2 期，第 80~83 页。
② 汤惠生、张文华：《青海岩画——史前艺术中二元对立思维及其观念的研究》第 14~15 页，科学出版社，2001 年。
③ 国家文物局主编：《中国文物地图集·青海分册》第 24~25 页"青海省岩画图"，中国地图出版社，1996 年。
④ 据《中国文物地图集·青海分册》第 24 页"青海省岩画图"标示，玉树州境内有"赛康岩画"和"勒巴沟岩画"2 处，但"勒巴沟岩画"实为唐·吐蕃时期佛教石刻，故属昆仑山以南的"青南岩画"应只有赛康岩画 1 处。
⑤ 尼玛江才：《玉树岩画·通天河卷》，青海人民出版社，2016 年；拉日·甲央尼玛：《玉树岩画考察》，四川民族出版社，2018 年。
⑥ 2016 年 8 月玉树州文化体育局、文物管理局、博物馆在玉树市主办了"玉树通天河流域文物科考暨岩画学术论坛"；2017 年 8 月青海省文物管理局、玉树州文化体育局、中国岩画研究中心在西宁市主办了"玉树岩画国际论坛"。

同四川大学历史文化学院及中国藏学研究所、成都文物考古研究所（2017 年改为成都文物考古研究院）于 2011 年 7 月在成都召开了"玉树地区文物保护及考古工作协调会"，会议商定三家单位将协同实施"三江源地区青海玉树藏族自治州古墓群考古与文物保护项目"。

2011 年年底，经国家文物局"文物保函〔2011〕511 号"文批准，三家单位组成了由考古、测绘、传拓、绘图、摄影、藏文翻译等方面的 30 名专业人员和玉树州文物管理所人员共同参与的田野考古工作队，开始筹备首轮田野调查。

2012 年 5 月底至 6 月上旬，由青海省文物考古研究所贾鸿键、蔡林海、秦岩，四川大学历史文化学院及中国藏学研究所李永宪、何元洪、杨锋，成都文物考古研究所江章华、苏奎，玉树州文物管理所索南旦周等 9 人组成的田野考察组对玉树州经第三次全国文物普查基本确定的各类重要遗存开展实地勘查和综合评估，在治多、曲麻莱、称多、玉树四县市境内往返行进 2000 余千米，确认了需要进行保护的古墓群 18 处、古遗址 10 处、岩画和石刻地点 5 处、古旧民居 1 处、寺庙 1 处，其中新发现古遗址 2 处、古墓葬群 4 处、古岩画地点 1 处。

2012 年 6~8 月和 2013 年 6~9 月，青海省文物考古研究所蔡林海和四川大学历史文化学院考古学系何元洪率领 18 人的联合考古队，对治多、曲麻莱、称多、玉树四县市境内的重要古遗存进行了综合调查、地形测绘和小规模抢救性发掘。田野调查覆盖了治多县东部通天河干流及其南侧（右岸）支流夏日科曲、参科曲、聂切曲、登额曲、格仁科曲、若冈科曲、日钦曲、日琼曲、聂恰曲等九条河流沿岸及治多县加吉博洛镇周边等近 3000 平方千米的区域，并在通天河及其支流河谷新发现古代岩画遗存 10 处。此次田野调查的结果表明，通天河流域是青南高原古代岩画的重要分布区。

2014 年 4~8 月，联合考古队对囊谦县境内的子曲、扎曲、吉曲三条河流沿岸进行了新一轮田野调查，其后又在曲麻莱、称多、玉树三县市境内的通天河及其支流的曲麻河乡、巴干乡、尕朵乡、哈秀乡、仲达乡等地新发现 8 处岩画遗存点，记录了可辨认的岩画图像近 900 个。至此，青南高原通天河流域经考古科学调查、记录的岩画遗存点共达到 19 处。

（三）岩画调查方法

2012~2014 年岩画调查主要采用了两种工作方法，一是调查目标（目的地）比较确定的"线索查实调查"，二是暂无具体地点或线索的"区域调查"。

第一种调查方法，实为"定点调查"，即在田野访谈和资料查阅中获知某地有"刻在岩石的动物（或人物）画"等类线索后，组成专门的调查小组，由线索提供人引领前往该地点进行勘察、甄别并完成岩画遗存点的图、文、照、测等项记录，同时对已确认岩画点的周围进行访查，以期发现其他岩画遗存，例如对曲麻莱县"昂拉岩画"等地点的调查即采用这种方法。

第二种调查方法，是根据年度调查计划设定、划分田野工作片区（通常以河流流域为片区划分原则），组织调查人员针对有可能发现岩画的小地貌单元（如出露基岩的河流阶地后缘、山谷两侧谷坡等）进行踏查，重点观察可能遗存有岩画图像的基岩岩面。发现岩画遗存后，在进行完备的图、文、照、测记录之外，仍仔细查找附近岩面以确认遗存的分布范围。这种调查形式，需要对岩画调查有一定的田野工作经验，如对地形、地貌、岩石（岩性、岩面、产状）的了解认知，以及对岩画属性的确认（有别于佛教石刻造像、题记、藏文"六字真言"等其他人为敲凿痕迹)等。

两种调查方法都尽可能通过向当地民众进行了解以获得更多的线索,同时还需查实岩画遗存的最小地名、行政属地、人群留居史,了解有关岩画的民间传说等,以及岩画遗存与附近其他遗存(如古墓葬、古建筑遗址等)的关联。简而言之,获得岩画的位置线索只是一种提示和参照,而发现和扩大岩画遗存及其相关的历史、环境信息,才是岩画考古调查的目的。认真规范的田野工作,是积累岩画调查科学方法的必由之路。

岩画调查中的田野记录是具有"研究性"的工作,绝不仅仅是为撰写报告积累素材。科学的记录是观察、认知、研究、保护、传播岩画文化内容的主要依据,因此岩画调查中的记录并非只是对岩画的"图像"进行记录。简单来说,岩画记录包括图、文、照、测、访五个方面。

1. 图形记录

对岩画遗存点的图形记录主要包括根据 GPS 定位在大比例地图上标出岩画位置点,并对遗存有图像的岩面进行绘图记录,目的是记录照片拍摄难以观察到和难以表现的特征。例如图像之间的打破、叠压关系;岩面上图像群组的组合区分及编号;岩面的自然状态特点,如裂隙、崩塌状况、产状等;岩画遗存点与其他地物(居民点、河流、道路等)、古遗存的相对关系草图;多个岩画点的相对位置及距离关系等。

2. 文字记录

依据调查计划拟定文字记录的要素或条目,包括遗存位置(及分布范围)及其地形(地貌)、植被、居民、交通、水文、地质(岩石)等环境要素,岩性、色泽、平整度、产状(层理或节理)、附着物(地衣、钙质结核)等自然岩面要素,图像的琢、刻、凿、磨等技术方法及痕迹特征,图像组合关系、叠压/打破关系、大小尺寸等画面要素,以及当地居民有关岩画的传闻言说。

3. 照相记录

从记录岩画图像的真实性、准确性来看,照相记录仍然是目前较传拓、摹画、3D 扫描等更经济、更便利的记录方式。以照相形式记录单个图像、图像组、画面时,都应在镜头所取画面范围内置放色标比例尺(如 IFRAO -10cm 彩色比例尺),以利后期照片校色和图像、画面的比例与尺寸分析。同时,无论遗存有图像的岩面与地面是否垂直(倾角大小),都尽量使机位(镜头纵轴)与被拍摄的岩面保持"正投影"角度,以获得不变形的照片。其次,无论岩画图像(动物、人物、符号)在岩面上是否呈倾斜状态,凡拍摄整幅画面(或岩面)时都尽量使相机取景框处于水平状态,不能随图像姿态而倾斜。绝大多数岩画图像的琢、刻、磨、划的痕迹在不同光照(因季节、时刻、天气、光源差异)下,所显示的清晰度和形态都可能存在差异,而调查中绝大多数情况下是无法选择光线的,这也是照相记录的最大不足。照相记录绝不应只拍摄图像或画面,还应有遗存点和环境等宏观背景和微观细节等信息的记录。

4. 测量记录

测量记录在岩画调查中主要用于两个方面:一是测录岩画遗存点的三维地理坐标(经度、纬度、海拔高程),此为"定点测量";二是从岩画图像大小、距离到遗存点环境地物的度量观测和记录,此为"距离测量"。如单个或多个岩画点的定点测量,都需要以"岩画地点"为单位先观测遗存的分布范围(平面距离和高差距离),所以遗存点的"定点测量"其实只是对

　　受地质构造运动的影响，通天河流域河谷地区出露的基岩大多比较破碎，岩面较小且裂隙较多，故岩体顺节理面、层理面发生塌落的现象比较常见，这也导致岩画图像在整体上均显得较小，其中尺寸最大者（以图像最大长计）不超过 45 厘米，小者多在 10 厘米左右，最小者仅 3~4 厘米。每处岩画遗存有图像的岩面数量多寡不一，最多者遗存有图像的岩面可达四五十个（如曲麻莱昂拉岩画等），最少者仅见 1 个岩面遗存 1 个图像。同一地点（有图像）岩面的多少，一定程度上可反映古人对固定地点制作岩画的选择性，以及制画行为的连续性。

第二章　治多县岩画

治多县地处玉树藏族自治州中西部，通天河南岸，西邻新疆维吾尔自治区和西藏自治区，北、西连接海西州和由海西州格尔木市代管的唐古拉山镇，北与曲麻莱县毗邻，东与玉树市接壤，南接杂多县，县行政驻地为加吉博洛镇（多彩乡境）。治多县是玉树州海拔最高的地区，地势呈西南高、东北低的倾斜状，昆仑山脉绵亘县境北，乌兰乌拉山横贯县境南，全县平均海拔 4500 米以上。县境内多数河流皆属长江（通天河）水系。通天河上段流经治多县境西北部，中段流经县境东北部，全长 300 多千米，在治多县境内有当曲、牙曲、聂恰曲、登额曲等南侧支流汇入通天河。县政区略呈东西长（621 千米）、南北短（243 千米）的横长形，面积 8.64 万平方千米，人口约 3.45 万（2020 年第七次全国人口普查数据），其中藏族人口占 94.1%，另有汉族、回族、撒拉族等民族，是青南高原以藏族人口为主的纯牧业县。

2012 年 7~8 月，联合考古队对东起治多、玉树两县市交界处，西至加吉博洛镇，面积近 2 万平方千米的高海拔（4000~4211 米）地区进行了田野调查，工作区域覆盖了通天河南侧的九条支流（自西向东为聂恰曲、日琼曲、日钦曲、若冈科曲、格仁科曲、登额曲、聂切曲、参科曲、夏日科曲），并在登额曲下游河谷至入通天河汇口一线发现了集中分布的 7 处岩画，命名为"登额曲岩画群"。其后又在登额曲汇口处附近的客尤山等处发现 3 处岩画，因材料已发表，故未纳入本报告[①]。

一、登额曲岩画群概况

登额曲（汉语亦写作"登艾龙曲"）地处县境东部，为通天河南侧支流，上游源于玉树市境西北，自西南向东北在治多县境内的岗察汇入通天河，全长 103 千米，流域面积 2000 多平方千米。登额曲河谷以峡谷为主，两岸阶地断续分布，阶地后缘多有基岩出露，岩面较破碎且面积不大，呈深褐、黑褐和褐色。2012 年调查发现的 7 处岩画均位于河流左岸（西北岸）一级阶地后缘及谷坡地带，海拔 4025~4115 米，自南向北分别为毕色、普卡贡玛、冷培塔、角考、尕琼、章其达、岗龙俄玛，因各遗存点之间距离较短且沿河流连续分布，故命名为"登额曲岩画群"。（图 2-1）

---

① 参见拉日·甲央尼玛：《玉树岩画研究》，四川民族出版社，2018 年。

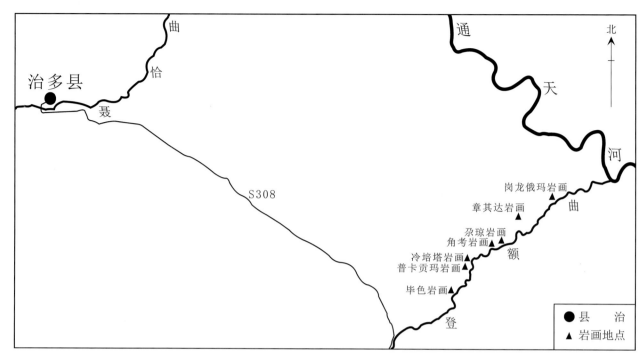

图 2-1 登额曲岩画群分布示意图

　　岩画群地属治多县立新乡叶青村，现有零星牧民居住点，地表无木本植被，河谷及两侧谷坡为现代牧民的夏、冬两季草场，河流沿岸有可行驶中小型车辆的乡村公路通过。经考古调查，登额曲河谷两岸发现有多类古文化遗存，除岩画外，自南向北沿河流两侧分布有克陇加空卡、加昂卡、登鄂冲陇、角莱、角达、卓龙达、章其达、扎仁贡玛、柴龙等多处石丘墓群，以及角达、脑得郭丛、尕琼等石器遗存点，另有桥头、参雄尕朔等史前石器时代遗址[①]。

　　登额曲岩画群的遗存类型均属崖（岩）面岩画，崖（岩）面与现地面的夹角多在 90°~110° 之间，出露的山体基岩均在河流西北岸，岩面多朝向东南。遗存有岩画的岩面距现地面高 1~4 米，个别岩画下部已被现地表土掩埋，可知岩画制作时的地表要低于现今地表。

　　根据现场观察，岩画应是用金属工具制作而成。主要有两类方法：一是"敲琢法"，用刃端尖锐的金属工具在岩面上敲琢出密集的"麻点"，以形成各类图像的轮廓线或"剪影式"图像。用该技术制成的图像在通天河流域岩画中十分常见，也是青藏高原岩画最主要的制作方法。二是磨刻法，用金属工具在岩面上反复磨刻出宽度、深浅不一的线条，构成"线描式"图像。据现场观察，磨刻法图像有的经过多次后期加刻（包括后人在早期岩画图像上的再次磨刻），一定程度上造成了对原岩画图像的破坏。此外，部分岩画被晚近刻制的藏文六字真言及祈愿经文覆盖，也对早期图像造成了损坏。

　　登额曲岩画群 7 处地点共有 47 个岩面，遗存有 220 余个单体图像。岩画图像以动物类为最多，占图像个体总数的近 90%，动物种类包括有牦牛、公鹿、岩羊、犬、马、虎、双峰驼、鹰等；人物图像很少，依其身姿动态可分为骑者、步猎者、舞者、巫师等；其他还有如塔形

[①]　自 2012 年起联合考古队对登额曲河谷地区史前石器时代遗址进行的田野考古工作及其成果，参见本系列考古报告之《登额曲细石器遗存》（待刊稿）。

物、帐篷等建筑物图像和左、右向的"雍仲"及日、月等与佛教相关的符号。岩画图像所表现的内容多为畜牧、射猎、舞蹈、自然崇拜等,其中毕色地点的动物群图像、尕琼地点的狩猎场面等内容,可视为登额曲岩画群的典型代表。

根据画面情况,调查中对每处岩画进行了多位数的分级编号,形成了"调查年度 + 地点名 + 岩面编号 + 图像编号"的代码系统。如"2012ZBSⅠy1 ①:1"即为:2012 年 + 治多县毕色地点 +Ⅰ组岩画 +1 号岩面 + 第 1 组图像 + 第 1 号单体图像。

二、毕色岩画

毕色岩画(编号 2012ZBS)是登额曲岩画群最南端的一处,地理坐标为北纬 33°46′26″、东经 95°55′66″,海拔 4104 米。地处登额曲河左岸(西北岸)一级台地后缘,崖面朝向 122°~135°(东南向),与地面夹角近 90°。岩画发现于呈北东—南西走向的崖面上,共有两组,编号 2012ZBSⅠ、2012ZBSⅡ,相距约 50 米。第Ⅰ组偏北,距河面水平距离 13 米,共有 14 个岩面,集中分布在长约 20 米的岩石上;第Ⅱ组偏南,距河面距离仅 5 米,共有 3 个岩面。两组岩画的图像皆为人物、各种动物及符号等。

1.Ⅰ组 1 号岩面

编号 2012ZBSⅠy1,位于Ⅰ组最西侧,琢刻有岩画的岩面呈灰褐色,形状为上大下小的倒梯形,较为平整且无明显裂隙。岩画琢刻范围 0.45 米 ×1.4 米。可分为上、下两组画面,编号 2012ZBSⅠy1 ①、2012ZBSⅠy1 ②。(图 2-2)

2012ZBSⅠy1 ①,有牦牛、塔形物共 3 个图像。动物图像皆为敲琢法"线描式"造型。塔形物采用磨刻法,琢痕呈灰白色,两个动物图像琢痕与岩面色泽相近,故推测三者间有相对早晚。岩面上有后期所刻藏文文字。(图 2-3)

2012ZBSⅠy1 ②,共有 12 个动物图像。其中Ⅰy1 ②:3、4、7~10 为公鹿,Ⅰy1 ②:7、13、14 为牦牛,其余动物难辨属种。画面中的动物皆朝向右侧,为敲琢法"线描式"造型。编号Ⅰy1 ②:3 的公鹿身饰几何纹,被后期所刻藏文六字真言打破,其轮廓线经磨刻加工,横截面略呈"U"形。1、5 号公鹿图像最大长约 20 厘米,其余均较小,为 10 厘米左右。岩面下部被现地表土掩埋,可见原地表要低于现今地表。(图 2-4)

2.Ⅰ组 2 号岩面

编号 2012ZBSⅠy2,位于 1 号岩面上方 0.2 米处,岩面较平整,其左(西)侧裂隙将岩面切割成竖长方形,范围 0.77 米 ×1.3 米。因被后期所刻 4 行六字真言覆盖,早期岩画仅存 8 个可辨识的图像,分别为岩羊 1 只、牦牛 4 头、舞蹈人物 2 个、塔形物 1 个。(图 2-5)其中 3、4 号牦牛图像为敲琢法"剪影式"造型,其余为敲琢法"线描式"造型。6 号牦牛图像局部有磨刻痕迹。(图 2-6)图像中最上方的舞者最大长仅 10 厘米,其余图像最大长均在 20~25 厘米之间。

3.Ⅰ组 3 号岩面

编号 2012ZBSⅠy3,岩面略呈三角形,呈深褐色,刻画范围 0.85 米 ×1 米。图像又可分

图 2-3　毕色岩画 I 组 1 号岩面上组图像
（2012ZBS I y1 ①）

图 2-2　毕色岩画 I 组 1 号岩面
（2012ZBS I y1）图像临摹图
（y1 ①组：1、2；y1 ②组：3~14）

图 2-4　毕色岩画 I 组 1 号岩面下组图像
（2012ZBS I y1 ②）

为两组画面，编号 2012ZBS I y3 ①、2012ZBS I y3 ②。

　　2012ZBS I y3 ①，共有 11 个图像，包括有牦牛、公鹿及骑马人物。（图 2-7）除 5、8 号图像外，其余皆为敲琢法"线描式"造型。3 号图像公鹿的头、尾皆因岩面剥落而缺失。4 号图像公鹿的头部及前半部被 3 号图像打破。5 号图像公鹿采用敲琢法"剪影式"造型并有琢线装饰。8 号图像公鹿的躯体略呈"∞"形，尾呈圆圈状，该图像以线刻法刻出双重轮廓线的造型较为少见，并经后人用磨刻法进行了加工，但仍可在线条遗痕中见有原刻画琢痕。（图 2-8）

　　2012ZBS I y3 ②，位于画面中部，原似为一动物图像，被后期磨刻法"剪影式"牦牛图像覆盖。（图 2-9）

　　4. I 组 4 号岩面

　　编号 2012ZBS I y4，岩面呈三角形，刻画范围 1.07 米 × 1.3 米。共有 4 个公鹿图像，为敲琢法和线刻法"线描式"造型，琢痕呈深褐色。（图 2-10）其中 1、4 号图像公鹿有敲琢的装饰线条，鹿角呈树枝状。（图 2-11）1 号公鹿图像最大长可达 40 厘米，其余均较小。

0   20厘米

图 2-5 毕色岩画 I 组 2 号岩面（2012ZBS I y2）图像临摹图

图 2-6 毕色岩画 I 组 2 号岩面牦牛图像
（2012ZBS I y2：6）

图 2-7 毕色岩画 I 组 3 号岩面骑者图像
（2012ZBS I y3 ①：11）

图 2-8 毕色岩画 I 组 3 号岩面公鹿图像
（2012ZBS I y3 ①：8）

图 2-9 毕色岩画 I 组 3 号岩面牦牛图像
（2012ZBS I y3 ②）

5. I 组 5 号岩面

编号 2012ZBS I y5，岩面略呈梯形，刻画范围 0.47 米 × 1.29 米。共有 9 个图像，包括舞者 1 个（或为"巫师"，图像被后期藏文六字真言打破）和动物图像 8 个。（图 2-12）1~5 号图像皆为敲琢法"线描式"造型。7 号图像带角的公鹿被后期所刻藏文六字真言打破。9 号图像为双峰骆驼，磨刻法制成，刻痕呈灰白色，从制作技法看，似为晚期作品。（图 2-13）

6. I 组 6 号岩面

编号 2012ZBS I y6，岩面略呈三角形，黑褐色。仅遗存 1 个难辨属种的动物图像。该动物朝向右侧，似为牛。图像采用敲琢法制作，从技术上看，似先用锐器轻轻画出动物的外轮廓线，再沿轮廓线进行敲琢。为未完成图像，最大长 16 厘米。（图 2-14、图 2-15）

图 2-10　毕色岩画 I 组 4 号岩面
（2012ZBS I y4）

图 2-11　毕色岩画 I 组 4 号岩面公鹿图像
（2012ZBS I y4：1）

图 2-12　毕色岩画 I 组 5 号岩面人物图像
（2012ZBS I y5：1）

图 2-13　毕色岩画 I 组 5 号岩面骆驼图像
（2012ZBS I y5：9）

7. Ⅰ组7号岩面

编号 2012ZBSⅠy7，岩面呈不规则梯形，灰褐色，岩面底端距地面仅 0.2 米（推测原地表应低于现地表），刻画范围 0.73 米×1.64 米。根据岩面形状及图像关系可分为上、下两组，编号 2012ZBSⅠy7①、2012ZBSⅠy7②，两组画面仅相距 0.1 米。（图 2-16）

2012ZBSⅠy7①，位于岩面上部，为 4 只同向奔跑的公鹿（编号Ⅰy7①：1~4）和其后 1 只似为猎犬的动物。4 只公鹿前后紧随，鹿角高耸夸张，皆为敲琢法"线描式"造型，琢痕经长年风化已呈深褐色。左侧鹿体形稍大，最大长 25 厘米。（图 2-17）

2012ZBSⅠy7②，位于岩面中部较平整处，共有 12 个图像，因被后期所刻藏文六字真言及祈愿经文打破、覆盖，可辨认原有图像为执旗的骑马人物、公鹿群、"卍"形符号、残月符号等。图像尺寸皆较小，最大长 10~15 厘米。Ⅰy7②：6 图像为残月。Ⅰy7②：7 图像为马。

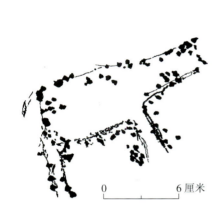

图 2-14　毕色岩画Ⅰ组 6 号岩面动物图像
（2012ZBSⅠy6：1）临摹图

图 2-15　毕色岩画Ⅰ组 6 号岩面动物图像
（2012ZBSⅠy6：1）

图 2-16　毕色岩画Ⅰ组 7 号岩面（2012ZBSⅠy7）图像临摹图
（y7①组：1~5；y7②组：6~17）

图 2-17　毕色岩画Ⅰ组 7 号岩面鹿群图像　　　　　　图 2-18　毕色岩画Ⅰ组 7 号岩面骑者图像
（2012ZBSⅠy7 ①：1~5）　　　　　　　　　　　　　（2012ZBSⅠy7 ②：8、9）

Ⅰy7 ②：8、9 图像为手执旗帜的骑者，皆左手执旗，右手上扬。（图 2-18）Ⅰy7 ②：11 图像为左旋"卍"形符号。其余图像皆为动物，根据枝角推测应以公鹿为主。

值得注意的是，7 号岩面上、下两部分的动物图像造型风格差异明显，下部公鹿等动物的躯体呈细腰的"∞"形，与上部公鹿的体形肥硕、枝角装饰化等特点明显不同，应代表着不同制作人或不同时期的作品。此外，Ⅰy7 ②中除 8、9 号骑者图像用敲琢法"剪影式"造型以外，其余图像皆为"线描式"造型，这可能与制作人或制作意图不同有关。

8. Ⅰ组 8 号岩面

编号 2012ZBSⅠy8，岩面略呈倒三角形，灰褐色，刻画范围 0.3 米 ×0.54 米。共有 4 个图像，岩面下部因剥落可能有缺失的图像，因地衣覆盖，岩面左侧个别图像已难以辨识。（图 2-19、图 2-20）

Ⅰy8：1，岩羊，尾部被藏文六字真言打破，敲琢法"剪影式"造型，头颈部用敲琢法形成较稀疏的点状凹痕，躯干及四肢则用敲琢法形成短线状琢痕。Ⅰy8：2，"卐"形雍仲符号，敲琢法形成的琢点稀疏随意。Ⅰy8：3，位于Ⅰy8：1、2 右下侧，其间有岩面裂隙，相距 0.1 米，为一塔形物，塔座逐层向上收分，其上的塔刹似未完成，为敲琢法加磨刻法的"线描式"造型，被后期藏文六字真言覆盖。Ⅰy8：4，牦牛，位于塔形物下方，其前肢因岩面剥落而缺失，制作方法与Ⅰy8：3 相同。该画面图像大小在 10~20 厘米之间。

9. Ⅰ组 9 号岩面

编号 2012ZBSⅠy9，位于 8 号岩面左下方，岩面略呈梯形，岩面最下端的图像距现地面仅 0.1 米，刻画范围 0.85 米 ×1.08 米。共计 7 个图像。（图 2-21、图 2-22）

Ⅰy9：1，公鹿，位于岩面最上方，为敲琢法"线描式"造型，琢痕稀疏、浅平呈短线状，琢痕色泽较浅，鹿头部被后期磨刮线条破坏。Ⅰy9：2~5，皆为敲琢法"剪影式"造型，琢点呈深褐色，推测制作时间相对较早。Ⅰy9：2，被地衣覆盖，不可详辨动物属种。Ⅰy9：3、5，公鹿，用敲琢法"线描式"造型，鹿的身躯及四肢琢痕密集，枝角琢点稀疏。Ⅰy9：4，"十"字形符号。Ⅰy9：6，不辨属种的动物，为敲琢法表现的"剪影式"图像。Ⅰy9：7，敲琢法制作，琢痕较浅呈短线状，因风化漫漶，已难辨识。

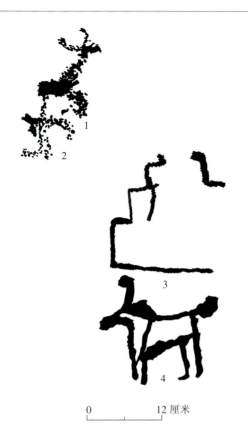

图 2-20　毕色岩画 I 组 8 号岩面
（2012ZBS I y8）

0　　　　　12 厘米

图 2-19　毕色岩画 I 组 8 号岩面
（2012ZBS I y8）图像临摹图

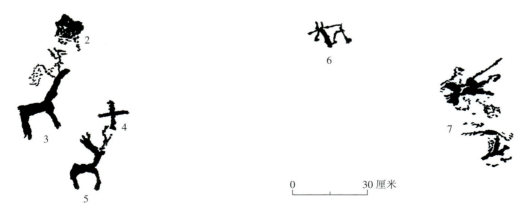

图 2-21　毕色岩画 I 组 9 号岩面（2012ZBS I y9）图像临摹图

图 2-22　毕色岩画 I 组 9 号岩面公鹿及符号图像（2012ZBS I y9：2~4）

10. I 组 10 号岩面

编号 2012ZBS I y10，岩面呈灰褐色且有部分黄褐色地衣，刻画范围 0.24 米 × 0.35 米。共有 3 个图像。（图 2-23、图 2-24）

图 2-23　毕色岩画 I 组 10 号岩面
（2012ZBS I y10）图像临摹图

图 2-24　毕色岩画 I 组 10 号岩面
（2012ZBS I y10）

I y10：1、2，公鹿。I y10：3，牦牛，躯体装饰有两条斜线，尾部因岩面剥落已不存。皆为敲琢法表现的"线描式"造型，图像轮廓线的琢痕呈深褐色，推测制作时间相对较早。

11. I 组 11 号岩面

编号 2012ZBS I y11，岩面略呈三角形，黑褐色，高出现地面 0.1 米，刻画范围 0.17 米 × 0.21 米。共有 3 个图像。（图 2-25）

I y11：1，岩羊，体形瘦长，尾部已漫漶不清，为敲琢法"线描式"造型，轮廓线后经反复磨刻加宽。（图 2-26） I y11：2，近半圆形的未完成图像，似为动物。 I y11：3，位于岩面左侧，因岩面剥落仅存"S"形残迹。2、3 号图像与 1 号图像的区别在于未见有后期对轮廓线的磨刻加工。1 号岩羊图像最大长 15 厘米，另两个图像较小。

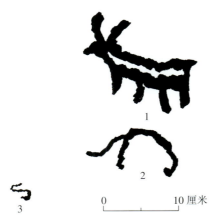

图 2-25 毕色岩画 I 组 11 号岩面
（2012ZBS I y11）图像临摹图

图 2-26 毕色岩画 I 组 11 号岩面岩羊图像
（2012ZBS I y11：1）

12. I 组 12 号岩面

编号 2012ZBS I y12，岩面呈不规则形，灰褐色，刻画范围 0.27 米 × 0.42 米。仅有 2 个图像。（图 2-27）

图 2-27 毕色岩画 I 组 12 号岩面
（2012ZBS I y12）图像临摹图

图 2-28 毕色岩画 I 组 12 号岩面牦牛图像
（2012ZBS I y12：2）

I y12：1，动物，躯体部分被地衣覆盖且被后期所刻藏文打破，因有枝角故推测为公鹿，采用敲琢法形成"剪影式"图像，鹿角琢点较躯干显得稀疏。 I y12：2，牦牛，制作方法与 I y12：1 不同，为敲琢法表现的"线描式"造型，身形肥硕。（图 2-28）

13. I 组 13 号岩面

编号 2012ZBS I y13，原岩面呈长条形，已断裂为上、下两部分，岩面较为光洁平整，呈深褐色，上部刻画范围 0.46 米 ×0.92 米。共 4 个图像，分别位于上、下两个岩面，编号 2012ZBS I y13 ①、2012ZBS I y13 ②。（图 2-29）

2012ZBS I y13 ①，位于岩面最上方，为 3 只尖耳、圆眼、尾部上卷及背的猎犬。其中 2、3 号图像为敲琢法"线描式"造型，轮廓线由密集的琢点构成，深刻清晰，呈黑褐色，图像最大长 20 厘米。1 号图像与 2、3 号图像的制作方法和造型风格明显不同，琢痕呈灰白色，应为晚近时期仿刻而成。（图 2-30）

2012ZBS I y13 ②，位于岩面左下方，仅有 1 个动物图像，可辨识为磨刻法制作，属种不可辨。

14. I 组 14 号岩面

编号 2012ZBS I y14，图像刻画于地面呈三角形的岩块上（应为崖壁塌落至地面的岩块），刻画范围 0.2 米 ×0.65 米。仅 2 个单体图像。（图 2-31）

I y14：1，公鹿，枝角呈"V"形，前肢用斜线从背部起始直到足尖，为敲琢法"线描式"造型，琢点密集，琢痕呈灰褐色，似用磨刻法加工过。其身前（左侧）似另有一图像，但已难以辨识。（图

0   20 厘米

图 2-29 毕色岩画 I 组 13 号岩面
（2012ZBS I y13）图像临摹图

图 2-30 毕色岩画 I 组 13 号岩面猎犬图像
（2012ZBS I y13：1~3）

2-32）Ⅰy14：2，不规则的近半圆形图像，可能为帐篷，制作方法与Ⅰy14：1同。

15.Ⅱ组1号岩面

编号2012ZBSⅡy1，位于Ⅱ组最东侧，岩面略呈长方形，刻画范围0.5米×1.75米。根据岩面形状可分为上、下两组画面，编号2012ZBSⅡy1①、2012ZBSⅡy1②。岩面中部因剥落可能有岩画图像缺失。（图2-33）

2012ZBSⅡy1①，共有6个动物图像，头向一致，皆朝向岩面左侧。Ⅱy1①：1，猫科动物（虎或豹），体形瘦长，短耳，长尾上卷，呈奔跑状，其上下颌张开似可见锋牙利齿，这种对动物口齿部位着力刻画的造型，应是刻意表现其作为"猛兽"的动物属性。（图2-34）Ⅱy1①：2，马，体形较大，呈奔跑状，双耳稍长，尾下垂，两前肢较粗壮，后肢较细。Ⅱy1①：3，公鹿，鹿角呈珊瑚枝状，四肢竖直呈伫立状，短尾。（图2-35）Ⅱy1①：4，公鹿，体形较其他动物稍小，头有枝状角，呈奔跑状。Ⅱy1①：5，马，俯首，长尾下垂，双耳较短。（图2-36）Ⅱy1①：6，属种不明的动物图像，似未完成。1、2、4、5号图像皆为以敲琢法表现的"剪影式"造型，琢痕呈灰褐色；3、6号图像则为敲琢法"线描式"造型。在整个画面中，3号图像公鹿最大长为20厘米，其余图像最大长皆在10~15厘米之间。

2012ZBSⅡy1②，共有3个动物图像。Ⅱy1②：9，不辨属性的图像，仅见有疏密不一的琢击点痕，似未完成，推测为动物图像。Ⅱy1②：7，公鹿，体形稍小，四肢垂直呈伫立状，枝状角具有夸张意味，用敲琢法表现的"线描式"造型，并在躯体轮廓线内辅以琢点装饰纹。Ⅱy1②：8，公鹿，体形稍大，昂首伫立，枝状角斜出于头部两侧，鹿角及四肢用敲琢法"线描式"造型，背部及尾部的敲琢线条较粗且琢点密集。

该岩面两组画面的图像琢痕皆接近岩面的灰褐色，推测其制作时代相对较早。

16.Ⅱ组2号岩面

编号2012ZBSⅡy2，位于Ⅱ组1号岩面（Ⅱy1）西侧，岩面呈不规则梯形，刻画范围1.07米×2.07米。

1

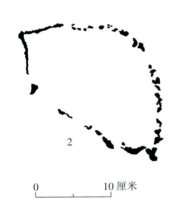

2

0 ————————— 10厘米

图2-31　毕色岩画Ⅰ组14号岩面
（2012ZBSⅠy14）图像临摹图

图2-32　毕色岩画Ⅰ组14号岩面公鹿图像
（2012ZBSⅠy14：1）

图 2-34　毕色岩画Ⅱ组 1 号岩面猫科动物图像
（2012ZBSⅡy1 ①：1）

图 2-35　毕色岩画Ⅱ组 1 号岩面公鹿图像
（2012ZBSⅡy1 ①：3）

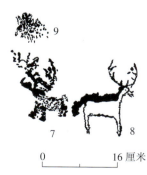

0　　　　　16 厘米

图 2-33　毕色岩画Ⅱ组 1 号岩面
（2012ZBSⅡy1）图像临摹图

图 2-36　毕色岩画Ⅱ组 1 号岩面马图像
（2012ZBSⅡy1 ①：5）

根据图像的琢刻风格和风化程度可分为左、右两个画面，编号 2012ZBSⅡy2 ①、2012ZBSⅡy2 ②。（图 2-37）

2012ZBSⅡy2 ①，位于岩面左侧，从上至下排列有 10 个动物图像，顺岩面形状呈近似垂直的上下布局。除一个模糊不清的图像外，所有图像皆为敲琢法"剪影式"造型，琢制较精细，琢痕呈黑褐色。Ⅱy2 ①中的 1、4 号图像皆为猫科动物，长尾上卷，身形矫健，四肢造型明显区别于有蹄类动物（牛、羊、鹿等），张牙舞爪状，应为虎或豹等兽类。Ⅱy2 ①：4，琢点密集紧凑，呈短线状，轮廓清晰准确，显示出制作者对该类动物的造型十分熟悉。（图 2-38）Ⅱy2 ①：2、3，牦牛，体形壮硕，拱背长尾，双角内弯，在画面中似为与虎或豹等猫科动物相对峙的动物。（图 2-39）Ⅱy2 ①：6，公鹿，体形健硕，呈引颈远眺状，鹿角为珊瑚枝状，是该画面中形体最大的动物图像。（图 2-40）Ⅱy2 ①：5、7，皆为长尾动物，根据其图像在画面中的位置，似为包围其前面公鹿的猎犬。（图 2-41）Ⅱy2 ①：9，骑马人物，马头下有缰，四足直立；骑者于马背上一臂执缰，一臂上扬。（图 2-42）Ⅱy2 ①：11，未完成的动物图像，属种不明。另在 2 号牦牛图像之下有一未完成图像，似为动物，采用敲琢法制作，琢点稀疏且较浅。

2012ZBSⅡy2 ②，为岩面右侧的一组 2 个图像，由一身着袍衣的人物与一佛塔构成。Ⅱy2：8，人物，用敲琢法"剪影式"造型表现。Ⅱy2：10，佛塔，下为四级逐层收分的塔座，上部为圆形塔瓶，不见塔刹，用敲琢法"线描式"表现。（图 2-43）右侧这组图像在内容风格上与左侧的一组相去甚远，推测两组图像之间应有相对早晚的差别。画面中所有单体图像最大长均在 15~25 厘米之间。

图 2-37　毕色岩画Ⅱ组 2 号岩面
（2012ZBSⅡy2）图像临摹图

图 2-38　毕色岩画Ⅱ组 2 号岩面猫科
动物图像（2012ZBSⅡy2①：4）

图 2-41　毕色岩画Ⅱ组 2 号岩面猎犬图像
（2012ZBSⅡy2①：7）

图 2-39　毕色岩画Ⅱ组 2 号岩面牦牛图像
（2012ZBSⅡy2①：3）

图 2-42　毕色岩画Ⅱ组 2 号岩面骑者图像
（2012ZBSⅡy2①：9）

图 2-40　毕色岩画Ⅱ组 2 号岩面公鹿图像
（2012ZBSⅡy2①：6）

图 2-43　毕色岩画Ⅱ组 2 号岩面佛塔图像
（2012ZBSⅡy2②：10）

17. Ⅱ组 3 号岩面

编号 2012ZBSⅡy3，位于Ⅱ组 2 号岩面（Ⅱy2）西侧。遗存有图像的岩面位置较高，最下端的图像距现地表 4 米。岩面较平整，略呈梯形，刻画范围 0.28 米 ×0.3 米。图像比较集中，制作方法统一，应是一次性制作完成。（图 2-44、图 2-45）

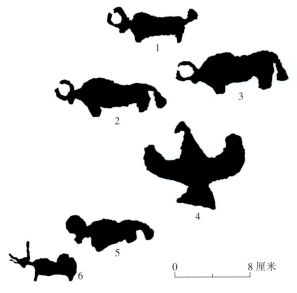

图 2-44　毕色岩画Ⅱ组 3 号岩面
（2012ZBSⅡy3）图像临摹图

图 2-45　毕色岩画Ⅱ组 3 号岩面
（2012ZBSⅡy3）

此画面表现的是一个动物群，由 5 个牦牛图像和 1 个鹰图像构成。牦牛皆朝向岩面左侧，呈行进状，体形壮硕，两弯角前抵呈近圆形，拱背大尾，属种特征十分明显。位于 5 头牦牛之间的鹰，昂首侧视，双翅展扬，尾呈扇形。这种头上尾下、呈正面姿态的鹰图像，是青藏高原岩画中最常见的鹰的造型，具有图像"格套化"的意义。6 个图像皆为敲琢法的"剪影式"造型，琢点细密均匀，琢痕呈黑褐色，推测其制作时代可能相对较早。

三、普卡贡玛岩画

普卡贡玛岩画（编号 2012ZPK）位于毕色地点以北（河流下游方向）约 2 千米处（参见图 2-1），地理坐标为北纬 33°44′86″、东经 95°56′00.21″，海拔 4109~4144 米。地处登额曲河流左岸（西北岸）谷坡一条西北—东南向的山梁上。（图 2-46）遗存有岩画的基岩节理面破碎且面积较小，多呈灰褐色。岩面朝向东南（140°~152°）与地面夹角略小于 90°。普卡贡玛岩画分布在 3 个岩面上，编号 2012ZPKy1~2012ZPKy3。图像为 3 个公鹿，另有塔形建筑物 1 个。图像制作有敲琢法、磨刻法、线刻法三种。

1. 1 号岩面

编号 2012ZPKy1，岩面略呈梯形，刻画范围 0.28 米 ×0.3 米。仅有 1 个图像。为塔形建筑物，下为三级逐层收分的塔座，其上为覆钵式塔瓶，无塔刹。该图像的主要特点在于，塔

图 2-46　普卡贡玛岩画遗存地点

形轮廓用两重线条勾画，在敲琢法表现"线描式"造型的基础上，局部又经后期磨刻法加工，琢痕呈灰白色，似为晚近制作。塔顶上方有今人所刻藏文字母。（图 2-47）

2.2 号岩面

编号 2012ZPKy2，岩面略呈长方形，刻画范围 0.25 米 × 0.38 米。仅有 1 个公鹿图像。公鹿体形肥硕，引颈昂头，两鹿角向上、向后伸出呈树枝状，显得生动活泼，鹿尾因岩面剥落且被黄褐色地衣覆盖已不可辨。图像为金属工具的线刻法，为"线描式"造型，线条较为流畅，刻痕呈接近岩面颜色的灰褐色。（图 2-48）

图 2-47　普卡贡玛岩画 1 号岩面
（2012ZPKy1）塔形建筑物图像

图 2-48　普卡贡玛岩画 2 号岩面
（2012ZPKy2）公鹿图像

3.3 号岩面

编号 2012ZPKy3，岩面略呈梯形，灰褐色，刻画范围 0.18 米 × 0.27 米。仅有 1 个公鹿图像。鹿身较长，头部上昂呈回望状，依稀可见头上平展的枝角。采用敲琢法"线描式"造型，琢点稀疏且平面略呈三角形，据此推测为尖刃金属工具琢击而成。刻痕颜色深于岩面颜色。（图 2-49）

图 2-49 普卡贡玛岩画 3 号岩面
（2012ZPKy3）公鹿图像

四、冷培塔岩画

冷培塔岩画（编号 2012ZLP）位于普卡贡玛岩画点以北（河流下游方向）约 300 米处，地理坐标为北纬 33°45′04.38″、东经 95°56′26.74″，海拔 4047~4095 米。地处登额曲河流左岸（西北岸）阶地前缘，遗存有岩画的基岩岩体南距河岸约 30 米。基岩节理面朝向 120°~135°（东南向），与地面夹角略小于 90°。该处岩画可分为三组，由西向东（从上游向下游方向）分别编为 I 组（编号 2012ZLP I y）、II 组（西距 I 组约 50 米，编号 2012ZLP II y）、III 组（西距 II 组约 13 米，编号 2012ZLP III y）。冷培塔岩画图像多为动物，以公鹿、岩羊、犬为主，三组岩画的画面数量各不相同。

1. I 组 1 号岩面

编号 2012ZLP I y1，岩面略呈三角形，刻画范围 0.93 米 × 0.93 米。计有两组图像，分别编号 2012ZLP I y1 ①、2012ZLP I y1 ②。

2012ZLP I y1 ①，共有 3 个图像。一为动物（马？），体形肥硕，大部被后期所刻藏文六字真言及黄褐色地衣覆盖，仅四肢线条清晰，对蹄部有细致的刻画，故推测为马或牛等有蹄类动物。紧靠动物（马？）的身后有一长方形符号，似为塔形建筑物，从刻痕看其虽与动物（马？）同为敲琢法"线描式"造型，但两者琢线凹痕色泽有差异，故制作年代应有早晚之分。此外，在动物（马？）左前腿处似有一站立的人物图像，该人物两臂平展，双足并立，头上似戴有帽或饰物。动物（马？）的左前腿似被人物图像打破，故两者间亦有相对早晚关系。（图 2-50）

图 2-50 冷培塔岩画 I 组 1 号岩面（2012ZLP I y1 ①）

2012ZLPⅠy1 ②，仅有 1 个公鹿图像，琢痕呈灰白色，似为晚近仿制。

2. Ⅰ组 2 号岩面

编号 2012ZLPⅠy2，岩面不规则形，呈深褐色，部分被黄褐色地衣覆盖并有后期所刻藏文祈愿经文。图像刻画范围 1.33 米 × 1.47 米。有可辨识图像 7 个，因自然风化和被后期所刻藏文打破，大部分图像已不甚清晰。均用敲琢法制成，可分为"剪影式"和"线描式"两种造型。（图 2-51）

图 2-51　冷培塔岩画Ⅰ组 2 号岩面（2012ZLPⅠy2）

Ⅰy2：1，位于岩面最上部，为公鹿图像，头小颈长，鹿角呈较夸张的树枝状，为敲琢法"线描式"造型。（图 2-52）Ⅰy2：3、4，均为公鹿，位于 1 号图像左下方，但这两个图像与 1 号公鹿不同，一是呈相对而立的姿态，二是均采用敲琢法"剪影式"造型，故它们与 1、2 号图像可能为不同作者或不同时间制作。（图 2-53、图 2-54）Ⅰy2：7，位于 1 号与 3、4 号图像之间，为一骑马人物，马背无鞍，马尾下垂，骑者左手握缰、右手执鞭，腰间似佩有长刀，该图像与 1 号图像相同，亦为敲琢法"线描式"造型。（图 2-55）此外，在岩面右下方有 3 个模糊的动物图像，因被地衣覆盖和被后期藏文经文打破，其完整形态已不可细辨，仅从头部近圆形的一对弯角看，应为牦牛。

3. Ⅰ组 3 号岩面

编号 2012ZLPⅠy3，岩面略呈三角形。仅 1 个公鹿图像，图像尺寸为 19 厘米 × 20 厘米。头有枝角，短尾。用尖锐的金属工具刻画而成，刻线窄而较浅，刻痕呈灰白色，在岩面颜色衬托下显得十分清晰，应为晚近的线刻法图像。（图 2-56）

图 2-52　冷培塔岩画 I 组 2 号岩面　　　　图 2-53　冷培塔岩画 I 组 2 号岩面　　　　图 2-54　冷培塔岩画 I 组 2 号岩面
公鹿图像（2012ZLP I y2：1）　　　　　公鹿图像（2012ZLP I y2：3）　　　　　公鹿图像（2012ZLP I y2：4）

图 2-55　冷培塔岩画 I 组 2 号岩面骑者图像　　　图 2-56　冷培塔岩画 I 组 3 号岩面
（2012ZLP I y2：7）　　　　　　　　　　（2012ZLP I y3）公鹿图像

4. II 组 1 号岩面

编号 2012ZLP II y1，岩面呈不规则形，刻画范围 0.18 米 ×0.28 米。仅有 2 个图像，岩面右侧已被黄褐色地衣覆盖。II y1：1，位于画面左侧，个体很小，似为动物，不辨属种。II y1：2，位于右侧上部，为公鹿，体瘦长，头上有枝形角，短尾。为敲琢法"线描式"造型。（图 2-57）

5. III 组 1 号岩面

编号 2012ZLP III y1，岩面呈不规则形，刻画范围 0.45 米 ×0.45 米。仅有 2 个图像，且被后期所刻藏文六字真言打破。III y1：1，位于画面左上方，为四肢直立、长尾上卷的犬，颈部以上被六字真言破坏已不存。（图 2-58）III y1：2，位于画面右下方，仅见两足及躯体，应为未完成的动物图像。两个图像皆为敲琢法"线描式"造型，琢点稀疏。

五、角考岩画

角考岩画（2012ZJK）位于冷培塔岩画东北方向（河流下游方向）约 2.5 千米处。地处登

图 2-57　冷培塔岩画Ⅱ组 1 号岩面公鹿图像　　　　　图 2-58　冷培塔岩画Ⅲ组 1 号岩面犬图像
　　　　　（2012ZLPⅡy1∶2）　　　　　　　　　　　　　　　（2012ZLPⅢy1∶1）

额曲左岸一级台地前缘，中心点地理坐标为北纬 33°45′50″、东经 95°57′29″，海拔 4087 米。岩画遗存点距河岸距离约 15 米。岩面朝向西南，倾角 48°（接近地面）。西南距角达墓群和角达石器遗存点 300 余米。

遗存有岩画的基岩为细砂岩，岩面最高处距现地面 2.95 米，有图像的岩面近 2 平方米。图像分布于岩面近底端处，据此可知原地表要低于现今地表。由于遍布岩面的后期所刻藏文文字打破了原有岩画画面，能辨识的图像仅存 9 个，均为动物。岩面编号 2012ZJKy1，刻画范围 0.55 米 ×0.91 米。（图 2-59）

图 2-59　角考岩画 1 号岩面（2012ZJKy1）

1~3 号图像为动物，位于画面左侧，略呈上下排列，可辨识者有牦牛，采用敲琢法制成，琢点较粗疏，动物体形均较小，最大长约 10 厘米。4 号图像为公鹿，位于岩面正中，最大长 30 厘米，为金属工具以线刻法制作的"线描式"造型，后期所刻藏文文字似乎有意绕开该图像，说明该图像的制作应早于藏文文字。（图 2-60）5~9 号图像似为 5 只首尾相连、同向飞翔的鹰，为敲琢法"剪影式"造型，但最后一只鹰琢痕颜色稍浅，似为后期加刻，该图像组合最大长 28 厘米。（图 2-61）

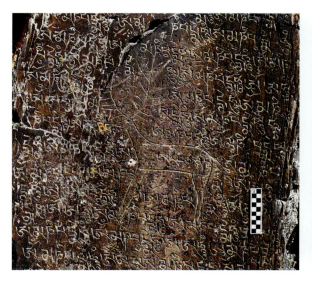

图 2-60 角考岩画 1 号岩面公鹿图像
（2012ZJKy1：4）

图 2-61 角考岩画 1 号岩面鹰的组合图像
（2012ZJKy1：5）

六、尕琼岩画

尕琼岩画（2012ZGQ）位于角考岩画东北方向（河流下游方向）约 300 米处，地处登额曲左岸二级阶地，中心地理坐标为北纬 33°45′46.06″、东经 95°58′05.21″，海拔 4025 米。该处岩画遗存在 7 个岩面上，自西向东（从上游向下游）分布在长约 1000 米的阶地前缘，岩画遗存距河岸最近处约 200 米。岩面朝向东北，与地面夹角 90°~125°。岩画图像以马、公鹿等动物及狩猎人物等为主，7 个岩面自西向东依次编号 2012ZGQy1~2012ZGQy7。

1.1 号岩面

编号 2012ZGQy1，岩面呈不规则形，刻画范围 0.09 米 × 0.12 米。共有 2 个图像，上部似为呈三角形的帐篷，下部似为一壮硕的牦牛，两个图像有重叠，为敲琢法"线描式"造型，图像最大长 10 厘米。（图 2-62）

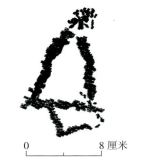

0 ————— 8 厘米

图 2-62 尕琼岩画 1 号
岩面（2012ZGQy1）
图像临摹图

2. 2 号岩面

编号 2012ZGQy2，岩面为细砂岩节理面，略呈平行四边形，刻画范围 0.2 米 × 0.43 米。包括马图像 2 个和靴子图像 3 个。因岩面局部表层剥落和被黑色地衣覆盖，图像多有残缺。据现场观察，该组图像均用锐利的金属工具以线刻法制作，图像（如藏式长靴）为近现代物件样式，加之图像刻痕与其旁侧的藏文字母一致，故其应为近现代作品。（图 2-63、图 2-64）

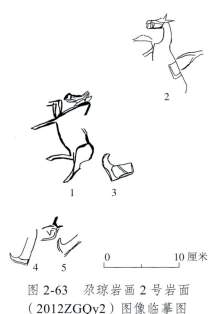

图 2-63　尕琼岩画 2 号岩面（2012ZGQy2）图像临摹图

图 2-64　尕琼岩画 2 号岩面（2012ZGQy2）

3. 3 号岩面

编号 2012ZGQy3，岩面呈长方形，光洁平整，刻画范围 1.07 米 × 1.3 米。仅有 1 个佛塔图像。据佛塔造型样式推测该图像为现代作品，塔身刻有藏文六字真言，后又加刻祈愿文，塔瓶左半部有双臂上举的坐姿人物。用金属工具以线刻法制成。（图 2-65、图 2-66）

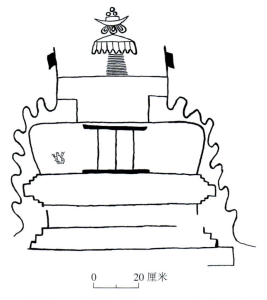

图 2-65　尕琼岩画 3 号岩面（2012ZGQy3）佛塔图像临摹图

图 2-66　尕琼岩画 3 号岩面（2012ZGQy3）佛塔图像

4. 4 号岩面

编号 2012ZGQy4，岩面略呈长方形，刻画范围 0.25 米 ×0.47 米。仅有 1 个马图像，采用薄刃金属工具磨刻法而成，刻痕细浅且多有重复，应为近现代刻制。（图 2-67、图 2-68）

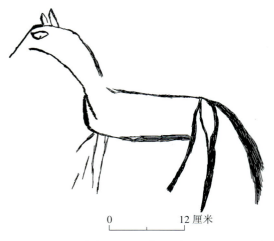

图 2-67　尕琼岩画 4 号岩面（2012ZGQy4）　　　　图 2-68　尕琼岩画 4 号岩面
马图像临摹图　　　　　　　　　　　　　　　　　（2012ZGQy4）马图像

5. 5 号岩面

编号 2012ZGQy5，图像遗存于一块独立大石的石面上（崩塌下落的岩块，距岩体约 7 米远）。石面呈不规则长方形，较为光洁平整，刻画范围 0.5 米 ×1.21 米。共 10 个图像，根据造型风格可分为两组，编号 2012ZGQy5 ①、2012ZGQy5 ②。（图 2-69、图 2-70）

图 2-69　尕琼岩画 5 号岩面（2012ZGQy5）图像临摹图

图 2-70　尕琼岩画 5 号岩面（2012ZGQy5）

2012ZGQy5 ①，该组图像分散在整个画面的外围，为 3 只奔跑的猎犬（y5 ①：1~3），皆敲琢法"线描式"造型。其造型风格有别于画面中心的动物图像，琢痕颜色较浅（呈灰白色），可能为晚近对中心部位狩猎图像的模仿加刻。

2012ZGQy5 ②，位居岩面中心部分，为 7 个图像构成的狩猎场景。包括有被猎动物（2 只公鹿）、狩猎者（2 个执弓箭人物）和狩猎工具（3 只猎犬）等性质明确的三类图像。画面中猎犬的刻画尤为着力，一是夸张成形体大于被猎动物公鹿的体形，二是制作上表现出轮廓线琢点的细密和精确，暗示了对作为狩猎辅助工具的豢养猎犬的重视与依赖。而狩猎者则似有分工，一人张弓搭箭正欲射发，另一人则身背箭囊随其旁侧。该画面中的各类图像形象地传达了当时与狩猎活动有关的信息，如猎者分工、辅助工具、被猎对象等。所有图像皆为敲琢法"线描式"造型，细致密集的琢点线条显示了作者的刻意与技术水平。

6. 6 号岩面

编号 2012ZGQy6，岩面略呈三角形，刻画范围 0.1 米 ×0.12 米。共有 2 个图像，为两个相邻的圆圈形符号。为敲琢法"线描式"造型，其中之一琢点稀疏，似未完成。（图 2-71、图 2-72）

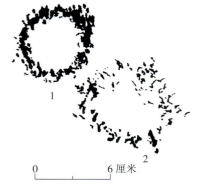

图 2-71　尕琼岩画 6 号岩面（2012ZGQy6）图像临摹图

图 2-72　尕琼岩画 6 号岩面（2012ZGQy6）

7.7 号岩面

编号 2012ZGQy7，岩面呈不规则形，刻画范围 0.45 米 × 0.86 米。共 2 个图像，一为头有枝角的公鹿，一为展翅侧头、有装饰线的鹰。根据刻痕颜色、岩面脱落情况和技法特征等综合分析，该岩面应至少实施过四次刻画行为：第一次刻画图像为公鹿与带有装饰线的鹰，第二次刻画的是鹰头部两侧的藏文字母，第三次刻画的是鹰和鹿图像下方的藏文文字，第四次刻画的是打破鹿头部和鹰尾部的藏文文字，动物图像采用线刻法。同一岩面多次（或多人）刻画的现象，可能表明该岩面的位置具有"仪式地点"的意义。（图 2-73、图 2-74）

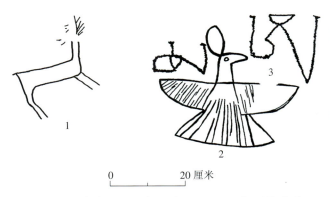

图 2-73　尕琼岩画 7 号岩面（2012ZGQy7）图像临摹图　　　图 2-74　尕琼岩画 7 号画面（2012ZGQy7）

七、章其达岩画

章其达岩画（2012ZZQ）位于尕琼岩画东北方向（河流下游方向）约 1000 米处，地处登额曲河左岸（西北岸）谷坡地带，地理坐标为北纬 33°46′08.93″、东经 95°58′29.48″，海拔4046~4090 米。谷坡出露的基岩呈褐色或灰褐色，遗存有岩画的岩面朝向西南，与地面夹角小于 90°。（图 2-75）

章其达岩画依其遗存位置可分为两组，第 I 组岩画分布在尕群山山脚的谷坡上，距章其达墓群约 50 米，共有 2 个岩画岩面，编号 2012ZZQ I y1~2012ZZQ I y2。第 II 组分布在河流北岸呈西南—东北走向的冲沟断崖岩面上，自西向东共有 11 个岩画岩面，依次编号 2012ZZQ II y1~2012ZZQ II y11。章其达岩画的图像以公鹿、牦牛等动物为主，另有塔形物、人物、帐篷等图像。

1. I 组 1 号岩面

编号 2012ZZQ I y1，岩面平整，呈不规则形，有数条斜向裂隙，下部图像被现地表土掩埋，可知原地表低于现地表。刻画范围 0.25 米 × 0.42 米。（图 2-76）

共有 10 个动物图像。I y1：1~4、6 均为牦牛图像，拱背、弯角、大尾的特征明显，其中 I y1：3 牦牛图像似装饰有涡漩纹（或圆圈纹），比较少见。I y1：5、8 为未完成的动物图像，属种不辨。I y1：7，似为牦牛图像，但有耳无角。I y1：9、10，为一大一小、前后相随的两只公鹿，头上的枝状角特征明显。该画面中所有图像的尺寸皆较小，最大长均在 15 厘米以下。均为敲琢法"线描式"造型。（图 2-77）

图 2-75　章其达岩画遗存地点

图 2-76　章其达岩画Ⅰ组 1 号岩面
（2012ZZQⅠy1）

图 2-77　章其达岩画Ⅰ组 1 号岩面
（2012ZZQⅠy1）图像临摹图

2. Ⅰ组 2 号岩面

编号 2012ZZQⅠy2，岩面呈深褐色，比较平整，略呈斜长方形，有数条斜向裂隙，刻画范围 0.17 米 ×0.33 米。（图 2-78）

共有呈一线排列、运动方向一致的 3 个动物图像。按从左向右的顺序，1、3 号图像（Ⅰy2：1、3）均为牦牛，但体形大小有别，其头上弯角和大尾的特征明显。居中的 2 号图像（Ⅰy2：2）为公鹿，头上枝角略呈珊瑚枝状，身饰两道竖线。三个图像皆较小，最大长均在 15 厘米以下，皆为敲琢法"线描式"造型。（图 2-79）

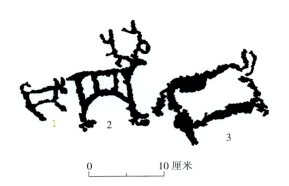

图 2-78　章其达岩画Ⅰ组 2 号岩面　　　　　　　图 2-79　章其达岩画Ⅰ组 2 号岩面
（2012ZZQⅠy2）　　　　　　　　　　　　（2012ZZQⅠy2）图像临摹图

3. Ⅱ组 1 号岩面

编号 2012ZZQⅡy1，岩面呈不规则形，刻画范围 0.25 米 × 1.25 米。因岩面被地衣覆盖和裂隙破坏等，仅见有 5 个图像及图像残迹，其中有 2 个图像相对完整。（图 2-80）

Ⅱy1：1，塔，位于画面左侧，三层塔基向上逐层收分，四层以上已残，为磨刻法"线描式"造型，刻痕浅，呈浅黑褐色。Ⅱy1：2，公鹿，位于画面右侧，短尾，颈部以上的头和枝角仅有轻琢的痕迹，图像似未完成，为敲琢法"线描式"造型。此图像的前后两侧有晚近仿刻的动物（马？）图像痕迹。（图 2-81、图 2-82）

图 2-80　章其达岩画Ⅱ组 1 号岩面（2012ZZQⅡy1）

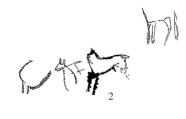

0　　　　　　　20厘米

图 2-81　章其达岩画Ⅱ组 1 号岩面（2012ZZQⅡy1）图像临摹图

图 2-82　章其达岩画Ⅱ组 1 号岩面公鹿图像
（2012ZZQⅡy1：2）

4.Ⅱ组 2 号岩面

编号 2012ZZQⅡy2，岩面呈不规则形，刻画范围 0.12 米 ×0.15 米。仅 1 个图像，为圆顶帐篷，圆顶有竖线，可能表现条木。为敲琢法的"线描式"造型，琢点粗大。图像最大长 14厘米。（图 2-83、图 2-84）

图 2-83　章其达岩画Ⅱ组 2 号岩面
（2012ZZQⅡy2）

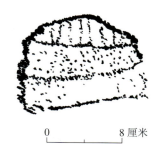

0　　　　　　　8厘米

图 2-84　章其达岩画Ⅱ组 2 号岩面
（2012ZZQⅡy2）图像临摹图

5.Ⅱ组 3 号岩面

编号 2012ZZQⅡy3，岩面呈不规则形，部分图像被黄褐色地衣覆盖，刻画范围 0.78 米 ×

0.83 米，岩面右侧因崩裂塌落导致个别图像残损不存。（图 2-85）

共有可辨识的动物图像 7 个。其中Ⅱy3:1、2、5、6、7 皆为牦牛。Ⅱy3:3 性质不明。Ⅱy3:4 似为羊，短尾，颈稍长。7 个图像的最大长在 20~30 厘米之间。皆为敲琢法"线描式"造型。所有图像风格一致，应为一次性制作完成，反映了当时畜种结构的特点。该画面最下部图像的轮廓线距现地表仅 2~3 厘米，故推测岩画刻制时的地表比现地表要低。（图 2-86）

图 2-85 章其达岩画Ⅱ组 3 号岩面
（2012ZZQⅡy3）

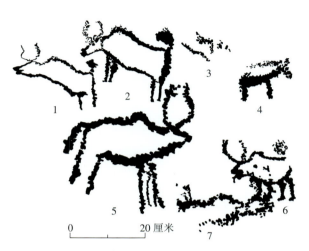

图 2-86 章其达岩画Ⅱ组 3 号岩画
（2012ZZQⅡy3）图像临摹图

6.Ⅱ组 4 号岩面

编号 2012ZZQⅡy4，岩面平整，呈不规则形，刻画范围 0.16 米 × 0.25 米。仅 1 个人物图像，编号Ⅱy4:1。人物正面直立，身着套头长袍，头戴三冠帽（或冠饰），左手执圆鼓，右手持带穗鼓槌，似为仪式活动中的巫师形象。为磨刻法"线描式"造型，线条流畅，疑为较晚近的作品。（图 2-87、图 2-88）

图 2-87 章其达岩画Ⅱ组 4 号
岩面人物图像（2012ZZQⅡy4:1）

图 2-88 章其达岩画Ⅱ组 4 号岩面
人物图像（2012ZZQⅡy4:1）临摹图

7.Ⅱ组 5 号岩面

编号 2012ZZQⅡy5，岩面平整，呈不规则形，刻画范围 0.16 米 × 0.18 米。仅 1 个牦牛图像，编号Ⅱy5：1。牦牛体形壮硕，作奔跑状。用敲琢法"剪影式"造型表现，琢点稍显粗疏，局部琢点颜色较浅，似为后期加琢所致。牦牛图像最大长18厘米。其下方有现代刻写的藏文文字。（图2-89、图2-90）

8.Ⅱ组6号岩面

编号2012ZZQⅡy6，岩面略呈梯形，平整光洁，岩面局部表层有脱落。刻画范围0.67米×0.92米。根据图像制作风格将图像分为两组，编号2012ZZQⅡy6①、2012ZZQⅡy6②。（图2-91）

图2-89　章其达岩画Ⅱ组5号岩面
牦牛图像（2012ZZQⅡy5：1）

图2-90　章其达岩画Ⅱ组5号岩面
牦牛图像（2012ZZQⅡy5：1）临摹图

图2-91　章其达岩画Ⅱ组6号岩面（2012ZZQⅡy6）图像临摹图
（12为y6②组，余均为y6①组）

2012ZZQⅡy6①，动物群。Ⅱy6①：1，牦牛，体形较大，头上弯角似钳，尾部略残，图像最大长30厘米。（图2-92）Ⅱy6①：2，羊，体形较小，短尾短角，图像最大长14厘米。（图2-93）Ⅱy6①：3，公鹿，图像残缺，仅可辨识其头上枝角。Ⅱy6①：4，牦牛，朝向画面左侧，其背脊线有两条，似可理解为两头贴身同向奔跑的牦牛，图像最大长15厘米。（图2-94）Ⅱy6①：5，公鹿（？），因岩面表层剥落，图像有残缺。Ⅱy6①：6，动物或符号，性质不明。Ⅱy6①：7、8，均为牦牛，卷尾。Ⅱy6①：9、10，圆形符号，意义不明。Ⅱy6①：11，岩羊，体形略显瘦长，下部被后期刻写的藏文六字真言打破。该组图像皆为敲琢法"线描式"造型，除1号牦牛图像较大之外，其余图像最大长皆在10~20厘米之间。

2012ZZQⅡy6②，仅有1个动物图像（Ⅱy6②：12），似为羊，昂首，长颈，尾部略呈椭圆形。为敲琢法"线描式"造型，琢痕呈灰褐色，应为晚近所制。

9.Ⅱ组7号岩面

编号2012ZZQⅡy7，岩面平整光洁，略呈长方形，灰褐色，刻画范围0.18米×0.45米。共2个图像，似为未完成的画面。其一为牦牛（Ⅱy7：1），其二属种不辨（Ⅱy7：2）。两个图像皆用敲琢法制作，但仅见稀疏的轮廓线琢点。图像最大长皆为14厘米。（图2-95、图2-96）

10.Ⅱ组8号岩面

编号2012ZZQⅡy8，岩面平整，略呈平行四边形，刻画范围0.17米×0.18米。共2个图像（编号Ⅱy8：1、2），其一似为公鹿，疑为未完成的动物。（图2-97、图2-98）

11.Ⅱ组9号岩面

编号2012ZZQⅡy9，岩面平整，呈不规则形，刻画范围0.17米×0.4米。共2个图像，似为公鹿（羊？）。用金属工具刻画的线条轻浅且较窄，似为近现代所刻。（图2-99、图2-100）

12.Ⅱ组10号岩面

编号2012ZZQⅡy10，岩面平整，呈不规则形，刻画范围0.15米×0.15米。仅1个岩羊图像，头上双弯角特征明显。为敲琢法"线描式"造型，琢点较浅，呈短条形，似为未完成的近现代仿刻图像。（图2-101、图2-102）

13.Ⅱ组11号岩面

编号2012ZZQⅡy11，灰褐色岩面比较平整，略呈横长方形，局部有地衣覆盖，右部岩块

图2-92　章其达岩画Ⅱ组6号岩面牦牛图像（2012ZZQⅡy6①：1）

图2-93　章其达岩画Ⅱ组6号岩面羊图像（2012ZZQⅡy6①：2）

图2-94　章其达岩画Ⅱ组6号岩面牦牛图像（2012ZZQⅡy6①：4）

图 2-96　章其达岩画 II 组 7 号岩面
牦牛图像（2012ZZQ II y7∶1）

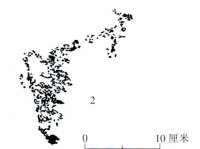

图 2-95　章其达岩画 II 组 7 号岩面
（2012ZZQ II y7）图像临摹图

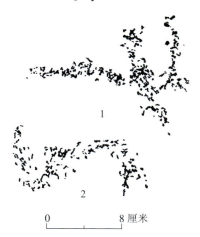

图 2-98　章其达岩画 II 组 8 号岩面
（2012ZZQ II y8）

图 2-97　章其达岩画 II 组 8 号岩面
（2012ZZQ II y8）图像临摹图

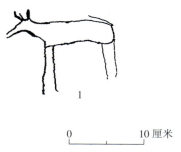

图 2-99　章其达岩画 II 组 9 号岩面
（2012ZZQ II y9）图像临摹图

图 2-100　章其达岩画 II 组 9 号岩面
公鹿图像（2012ZZQ II y9∶1）

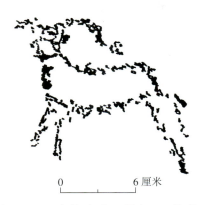

图 2-101　章其达岩画Ⅱ组 10 号岩面
（2012ZZQⅡy10）岩羊图像临摹图

图 2-102　章其达岩画Ⅱ组 10 号岩面
（2012ZZQⅡy10）岩羊图像

有破碎，推测可能有图像缺失，岩面下部已被现地表土覆盖，可知原地表低于现地表。刻画范围 0.8 米 ×1 米。（图 2-103）

共有图像 7 个，大多模糊不清，可辨识的有人物图像 1 个、牦牛图像 2 个、不明属种的动物图像 3 个、未完成图像 1 个，皆为敲琢法"线描式"造型。Ⅱy11：1、2，位于岩面左上部，由朝向岩面左侧的一头牦牛和其前方（左侧）一站立的人物组成，人物较小，右手执物（鞭？），左手指向牦牛，似正在驱赶。（图 2-104）Ⅱy11：3，牦牛，图像已较为模糊，与前述牦牛朝向相同，但体形略小。值得注意的是，该图像牦牛的背脊轮廓线稍上部位有一行模糊的藏文字母，其刻制方法与牦牛图像造型方法一致，皆为敲琢法，与绝大多数近现代藏文文字的刻制方法不同，且该行藏文被牦牛图像打破，故其刻制时间应早于岩画图像。（图 2-105）

图 2-103　章其达岩画Ⅱ组 11 号岩面（2012ZZQⅡy11）

图 2-104　章其达岩画Ⅱ组 11 号岩面　　　　　图 2-105　章其达岩画Ⅱ组 11 号岩面
牧牛图像（2012ZZQⅡy11：1、2）　　　　　　牦牛图像（2012ZZQⅡy11：3）

八、岗龙俄玛岩画

岗龙俄玛岩画（2012ZGL）位于章其达岩画东偏北方向（河流下游方向）约 3.5 千米处，地处登额曲河流左岸（西北岸）谷口地带，中心点地理坐标为北纬 33°47′30″、东经 96°70′20″，海拔 4115 米。岩画遗存于一近南北走向的小山山梁的断崖上，崖面朝向东北，与地面夹角略大于 90°。（图 2-106）

图 2-106　岗龙俄玛岩画遗存地点

岩画所在岩面为基岩节理面，整体呈不规则形，且被多条裂隙分割成若干小块，局部覆盖有黄褐色地衣，岩面表层亦有脱落现象，图像多难以辨识。刻画范围 1.33 米 × 1.67 米，距地表高 1.95 米。可分为两组，编号 2012ZGLy1 ①、2012ZGLy1 ②。（图 2-107）

图 2-107　岗龙俄玛岩画岩面 1 组（2012 ZGLy1 ①）

0　　　　16厘米

图 2-108　岗龙俄玛岩画岩画 1 组（2012 ZGLy1 ①）图像临摹图

2012ZGLy1 ①，共有 6 个动物图像及符号。y1 ①：1、2 为牦牛图像，一为"剪影式"造型，一为"线描式"造型。y1 ①：3，为由三组圆圈与直线连接构成的"联珠状"符号，其下部因岩面破损已不存，该图像宽 12、残高 10 厘米。y1 ①：4，箭镞形符号。y1 ①：5、6 为意义不明的符号。3~6 号图像皆为敲琢法"线描式"造型。（图 2–108）

2012ZGLy1 ②，仅 1 个图像，似为圆顶帐篷，为磨刻法"线描式"造型。

第三章　曲麻莱县岩画

曲麻莱县地处玉树藏族自治州行政驻地玉树市西北的通天河北岸，其东南、东北分别与称多县和玛多县（果洛州）为邻，西与可可西里相连，北以昆仑山脉与海西州的格尔木市和都兰县接壤，长江（通天河）由西向东横贯县境南部，与玉树市、治多县隔江相望。政区地理坐标处于北纬33°36′~35°40′、东经92°56′~97°35′，面积5.24万平方千米。全县人口3.2万人（2012年），其中藏族人口占97.6%，另有汉族、回族、土族、满族、蒙古族、撒拉族等民族分布于县境内。县行政驻地约改镇（海拔4226米），下辖1镇5乡。

曲麻莱县属典型的高海拔地理区，具有高寒缺氧、日照时间长、紫外线强、冷季较长（达七八个月）、空气干燥等特点，年平均气温−3.3℃，年平均降水量380~470毫米。县域地处三江源核心区，横跨长江、黄河两大水系，楚玛尔河、色吾曲、约古宗列曲等长江北侧支流及黄河干、支流纵横交错。全县地势高亢，平均海拔4500米以上，西北部为宽谷大滩，地域辽阔，东南部则重山叠岭、盆地相间，县境内的主要山脉有昆仑山、巴颜喀拉山、冬乌拉山等。

曲麻莱县是江河源区第一个藏族聚居的纯牧业县，主要畜种有牦牛、藏系绵羊、马等。野生动物则有野牦牛、白唇鹿、野驴、盘羊、藏羚羊、岩羊、黄羊、雪豹、猞猁、棕熊、赤狐、麝、旱獭、沙狐等45种兽类和66种鸟类。曲麻莱县亦是青藏高原的重要产金区，采金历史悠久。

2012年5~8月，联合考古队根据玉树州文物管理所提供的线索，重点对该县曲麻河乡的昂拉岩画进行了调查记录。2014年7~8月又对县境内的通天河北侧数条支流进行了调查，在县境西部的楚玛尔河流域相继调查发现治龙、章囊和樟玛3处岩画遗存，在县境东部的代曲河流域调查发现巴干、章木和叶西伦巴3处岩画遗存。

一、昂拉岩画

昂拉岩画（编号2012QAL）地处通天河北侧支流楚玛尔河宽阔的河谷地带，东南距楚玛尔河入通天河汇口处约14千米，南距拉垄沟沟口的哈洽寺约2千米。政区属曲麻莱县曲麻河乡昂拉大队。岩画中心点地理坐标为北纬34°81′61″、东经94°77′73″，海拔4406米。岩画遗存于楚玛尔河左岸拉垄沟北侧阶地后缘的基岩上，阶地前缘平缓。岩画遗存地最高处有一座由灰黑色石板垒砌而成的三级方形祭台，祭台顶部堆置大量白色石块，历来被本地牧民视为圣地，岩画也因此得以保存。岩画遗存地东临小溪，相距 47 米，西边为一条季节性冲沟。冲沟以北即为当地牧民的夏季草场，植被属高原草甸类型。琢制有岩画图像的基岩为页岩，因长年氧化现多呈深褐色，岩面比较破碎且多有纵横交错的大小裂隙，局部被黄色地衣及因流水作用形成的钙质结核层覆盖。多个岩面下部的图像被现地表土掩埋，可知岩画制作时地表要低于现地表。经调查发现琢刻有图像的岩面共 45 个，编号 2012QALy1~2012QALy45，共有人物、动物等各类图像 760 余个。（图 3-1）

图 3-1　昂拉岩画遗存地点

1.1 号岩面

编号 2012QALy1，岩面略呈竖长方形，宽 0.35、高 0.45 米，右上角残损，与地面夹角近 90°，岩面朝向西南（142°）。（图 3-2）

共有 6 个图像，有牦牛 1 头、猫科动物 3 只、人物 1 个、未完成图像 1 个，似表现狩猎场面。牦牛图像位于画面最上方，朝向画面左侧，体形肥硕，圆球状尾上扬。图像长 20.8、高 11 厘米。为敲琢法"剪影式"造型，琢点多呈圆形，点径 0.1~0.2 厘米。猎人图像位于牦牛图像后，呈立姿，面向其前方的牦牛，身前有一箭指向牦牛，箭尾有绳索相连至牦牛四蹄之下，似为表现正在射猎牦牛。为敲琢法"剪影式"造型。猫科动物（豹或虎）图像共 3 个，位于牦牛和猎人图像下方，皆朝向岩面左侧，呈上下排列。尖耳，长尾卷于背上。图像长 15~21、高 4.5~7.5 厘米。皆为敲琢法"剪影式"造型，琢击方向为从上向下，琢点呈圆形，点径 0.1~0.4 厘米。猫科动物前方（画面左侧）有一未完成图像，性质不明，长 6、高 5 厘米。亦为敲琢法"剪影式"造型。（图 3-3）

图 3-2　昂拉岩画 1 号岩面（2012QALy1）

0　　　　　8厘米

图 3-3　昂拉岩画 1 号岩面
（2012QALy1）图像临摹图

2.2 号岩面

编号 2012QALy2，岩面宽 0.72、高 0.81 米，与地面夹角大于 90°，岩面朝向东南（130°）。岩面被自然裂隙分割为四部分，即四组图像，编号 2012QALy2 ① ~2012QALy2 ④，其中第①、②、③三组的岩面略呈长方形，第④组岩面为不规则形且下部有破损。（图 3-4）

2012QALy2 ①，狩猎图像，计有牦牛 6 头、人物 2 个、不明图像 3 个。该组图像位于 2 号岩面上部。牦牛中五头呈上下竖行排列，另有一头体形较小者居于第二头牦牛的前方。牦牛中图像最大者长 13、高 12 厘米，最小者长 5、高 3.6 厘米。猎人图像 2 个，位于上下排列的第二、第三头牦牛之间，两人皆作拉弓搭箭状，指向其前方横立于牦牛群前面的动物；该动物无角、尾较长，似为正欲攻击牦牛群的猫科兽类；该组图像表现的是牧人为保护牲群的自卫型猎杀场景。猎人图像宽 4.1~4.9、高 5.4~5.6 厘米。猎人身后有不甚清晰的图像 2 个，最大者长 3.8、高 2.7 厘米，似为羊或犬类动物。

图 3-4　昂拉岩画 2 号岩面（2012QALy2）

2012QALy2 ②，共 4 个图像。其中牦牛图像 3 个。位于岩面中部右侧。牦牛皆朝向左侧，图像残长 6.1~7.6、高 4.6~4.8 厘米。其前似有一牧人图像的残痕。

2012QALy2 ③，赶牧场景，共有牧人图像 1 个、牦牛图像 3 个。位于岩面中部左侧。牦牛图像皆已残，大小已不可度量，仅牦牛身后牧人图像较清晰，呈执鞭行走状。

2012QALy2 ④，赶牧场景，包括牧人图像 1 个、牦牛图像 3 个。位于岩面左侧下部，三头牦牛一字排列居前，牧人执鞭随后作赶牧状，两头牦牛的上方有似飞鹰图像 1 个。该组赶牧场景似与第①组之间有呼应关系。牦牛图像最大者长 12.1、高 8.6 厘米，最小者长 8.2、高 4.8 厘米。牧人手臂前伸，作驱赶状，图像长 5.2、高 8.6 厘米。

2 号岩面上的 24 个图像可视为一个画面，表现的应是畜牧生产场景，牧养畜种为牦牛。所有图像皆为敲琢法"剪影式"造型，琢击方向为从上向下，琢点呈圆形，点径 0.1~0.3 厘米。（图 3-5）

图 3-5　昂拉岩画 2 号岩面（2012QALy2）图像临摹图
（y2 ①组：1~11；y2 ②组：12~15；y2 ③组：16~19；y2 ④组：20~24）

3.3 号岩面

编号 2012QALy3，左侧即为 2 号岩面。岩面略呈竖长方形，高 1.01、宽 0.37 米，与地面夹角为 114°，朝向东南且与岩面 2 相接。（图 3–6）

共有 11 个图像，画面中央为一"神灵人物"，其他多为动物，头部朝向各异，大多不辨属种。制作时间也似有不同。多为敲琢法"剪影式"造型，个别图像为敲琢法"线描式"造型，琢点直径 0.1~0.4 厘米。（图 3–7）

4.4 号岩面

编号 2012QALy4，位于 3 号岩面左侧上方。岩面呈竖长方形，左上角有残损，高 1.12、宽 1.02

图 3-6 昂拉岩画 3 号岩面
（2012QALy3）

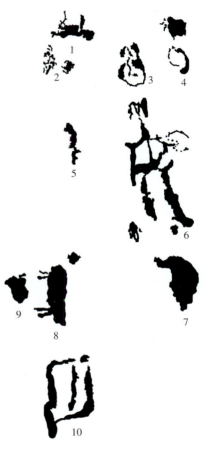

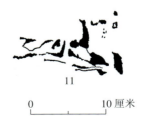

图 3-7 昂拉岩画 3 号岩面
（2012QALy3）图像临摹图

米，与地面夹角大于90°，朝向东南（144°）。可确认的48个图像根据内容可分四组，左侧一组，编号2012QALy4①；右侧从上至下（纵列）三组，编号2012QALy4②~2012QALy4④。（图3-8）

图3-8　昂拉岩画4号岩面（2012QALy4）

2012QALy4①，畜养场景。该组图像位于岩面左侧。由围栏和其内外的6头牦牛、1只羊组成。围栏由9个长4.7厘米的月牙形图形构成，从上到下围成弧形，其左为内，其右为外。围栏内有5个牦牛图像，体形、大小和头的朝向各不相同，最大的牦牛朝向右侧，图像长13.2、高5.8厘米。牦牛图像间有一只羊，朝向右侧，图像长6.8、高7.7厘米，为敲琢法"线描式"造型。其余图像皆为敲琢法"剪影式"造型，琢点直径0.1~0.4厘米。

2012QALy4②，赶牧场景，共15个图像，计有牧人2个、牦牛7头、飞鹰4只及不明图像2个。该组图像位于岩面右侧最上部。一牧人居左，跨步举臂呈驱赶状，另一牧人居其右下方，身形较模糊，似向前方抛撒点状物（食物？）。7个牦牛图像位于两人身后或旁侧，头向、大小各异，其中最大的牦牛图像长13.6、高5.2厘米。该组图像最右侧有纵列的飞鹰4只，另有2只鹰间插在牧人与牦牛图像之间，鹰图像宽4.1~5.8、高4.9~6.7厘米。所有图像皆为敲琢法"剪影式"造型。

2012QALy4③，骑牧场面，共13个图像。该组图像位于岩面右侧中部。一牧人骑于马上作前行状，似为领牧人，其图像宽6.1、高5.5厘米。在领牧人左侧有6头牦牛随行，牦牛行进方向与骑者一致，皆朝向画面右侧，牦牛图像最大者长10.5、高6.4厘米。牲群前方（画面最右侧）有一网格状图像，宽7、高25.6厘米，疑似帐篷类建筑或为某类"神灵"。牲群中有 3 只飞鹰图像。该组所有图像皆为敲琢法"剪影式"造型。

2012QALy4 ④，该组图像位于岩面右侧下部。由 3 头牦牛及其周围体形较小的牲畜（羊?）组成，牦牛中体形最大者长 18.5、高 8.4 厘米，为 4 号岩面所有图像中最大者。该组图像皆为敲琢法"剪影式"造型，琢击点径 0.1~0.3 厘米。（图 3–9）

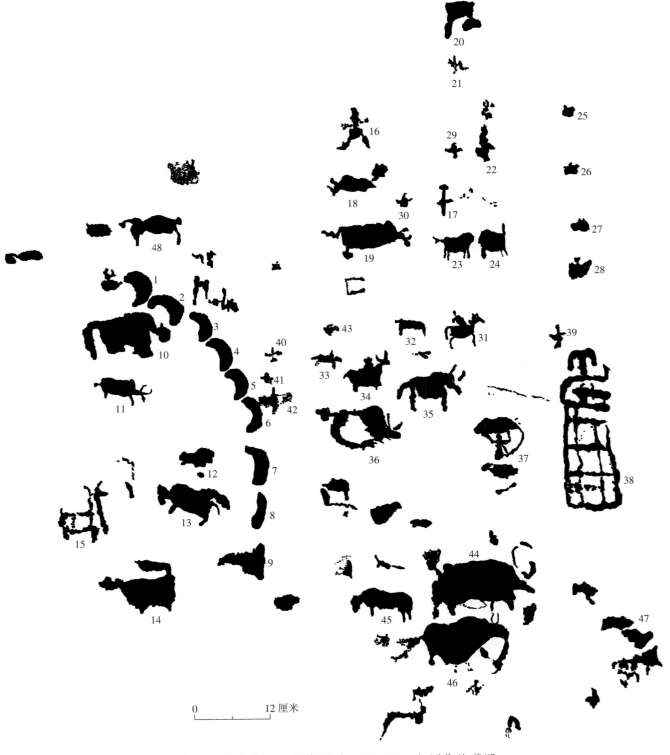

图 3-9　昂拉岩画 4 号岩面（2012QALy4）图像临摹图

（y4 ①组：1~15、48；y4 ②组：16~30；y4 ③组：31~43；y4 ④组：44~47）

5.5 号岩面

编号 2012QALy5，位于 4 号岩面右侧且与之紧邻。岩面略呈竖长方形，高 1.76、宽 1.26 米，与地面的夹角大于 90°，朝向东南（144°）。（图 3-10）

共有可辨性质的图像 46 个，包括牦牛 18 头、猫科动物 11 只、骑者 4 个、飞鹰 11 只、其他人物 2 个，表现狩猎及畜牧场景。（图 3-11）

图 3-10　昂拉岩画 5 号岩面（2012QALy5）

在整个画面中，绝大多数动物及人物图像的运动方向皆朝向岩面右侧。画面中心是由 11 只猫科动物（豹或虎，长尾上卷）图像组成的兽群，皆朝向画面右侧（前方），似正在追赶前方的牦牛等牲群。兽群后面是两位猎人，他们均骑于马上呈张弓搭箭射姿，似正在追猎前方威胁牲群的兽群。在两位骑猎者的旁侧（画面下方）有 3 名护卫牲群的骑者，一人骑双峰驼，前有一牵驼人，另一人骑于马上，周围有牦牛等牲畜。值得注意的是，画面中兽群的上方有一身形巨大的人物，该人物身着袍衣，双臂上举环于头上方，其巨大的身形可能象征着他具有保

图 3-11　昂拉岩画 5 号岩面（2012QALy5）图像临摹图

护牲群的神力。此外，画面左侧还有 4 个飞鹰图像，可能为放牧中保护牧人和牲群的灵性之物。整个画面反映的应是游牧生业中的常态场景，即牲畜中牦牛等动物因时有野兽危害，故牧人需要有及时有效的猎杀能力，才能保护牲群免受损失。画面中的猫科动物最大者长 22、高 8.1 厘米；牲群中牦牛图像最大者长 17、高 10.3 厘米；巨形人物图像高 23、宽 8 厘米；画面右上方连续排列的 7 只飞鹰图像长 9.3、高 6.2 厘米；双峰驼图像长 20、高 15.9 厘米。所有图像皆为敲琢法"剪影式"造型，琢击点直径 0.1~0.3 厘米。

6. 6 号岩面

编号 2012QALy6，位于 4 号岩面下方，两个岩面之夹角几近直角，即 6 号岩面与地面几乎平行。岩面呈不甚规则的横长方形，长 1.3、高 0.27 米。（图 3-12）

图 3-12　昂拉岩画 6 号岩面（2012QALy6）

共有 7 个图像，绝大多数已难以确认其性质。其中圆圈形符号 1 个，直径 5 厘米；牦牛图像 1 个，长约 9、高 5 厘米。图像多为敲琢法"剪影式"造型，牦牛图像为"线描式"造型，琢点直径 0.1~0.3 厘米。（图 3-13）

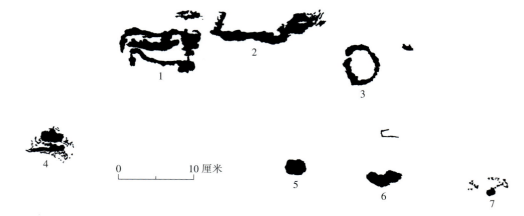

图 3-13　昂拉岩画 6 号岩面（2012QALy6）图像临摹图

7. 7 号岩面

编号 2012QALy7，位于 6 号岩面前方下部，与后者之夹角几近直角。岩面近长方形，宽

0.76、高 0.55 米。与地面夹角略大于 90°，朝向东南（130°）。岩面下部图像已被现地表土掩埋，可知原地表低于现地面。（图 3–14）

图 3-14　昂拉岩画 7 号岩面（2012QALy7）

共遗存有 12 个图像或图像残迹，其中可辨识者有牦牛图像 2 个：体形较大的牦牛位于画面中部偏右，朝向画面右侧，为敲琢法"线描式"造型，图像长 11、高 8.7 厘米；其下方靠后的牦牛体形较小，为敲琢法"剪影式"造型，图像长 6、高 5 厘米。（图 3–15）

图 3-15　昂拉岩画 7 号岩面（2012QALy7）图像临摹图

8. 8 号岩面

编号 2012QALy8，位于 7 号岩面右侧下部。岩面呈不规则的竖长方形，高 0.83、宽 0.75 米，与地面夹角 92°，朝向东南（136°）。（图 3–16）

图 3-16　昂拉岩画 8 号岩面（2012QALy8）

0　　　　　10厘米

图 3-17　昂拉岩画 8 号岩面（2012QALy8）图像临摹图

共计有 16 个图像及图像残迹，其中可辨识者有牦牛图像 7 个、人物图像 1 个。牦牛头部多朝向画面右侧，仅 1 头牦牛似头朝向左侧，牦牛图像中最大者长 18、高 7.8 厘米。牦牛群身后有一行走人物，双腿一前一后，双臂展开似呈赶牧状，人物图像高 10、宽 4.7 厘米，应为牧人。岩面右下方有一图像似为帐篷类物，宽 13、高 20 厘米。除此之外，其他数个图像仅存残迹难以辨识，整个画面表现的应是畜牧生活。所有图像皆为敲琢法"剪影式"造型，琢点较小，直径 0.1~0.2 厘米。（图 3-17）

9.9 号岩面

编号 2012QALy9，位于 8 号岩面右侧下方。岩面不甚平整，略显内凹，与地面夹角大于 90°，朝向东南（125°）。（图 3-18）

共遗存图像 2 个，一上一下。居

上的图像由点状线条构成，形状及意义皆难以辨识。居下的图像为一只羊，其弯角特征似为岩羊，图像长 9、高 6 厘米，为敲琢法"剪影式"造型，琢点直径 0.1~0.3 厘米。（图 3-19）

图 3-18　昂拉岩画 9 号岩面
（2012QALy9）

0　　　　　4 厘米

图 3-19　昂拉岩画 9 号岩面（2012QALy9）
图像临摹图

10. 10 号岩面

编号 2012QALy10，位于 9 号岩面右侧上方。岩面呈不规则形，宽 0.8、高 0.65 米，与地面夹角大于 90°，岩面朝向东南（115°）。（图 3-20）

共计有 17 个图像及图像残迹，可辨识图像 14 个，有车 2 乘、人物 3 个、公鹿 2 只、牦牛 7 头，表现狩猎场景。图像组合以 2 个车图像为中心，其一位于画面左上部，其二位于画面右下部。居左上的车为单辕、双马、双轮、方舆，舆后横有一弯形物件，性质不明，车轮未见辐条，似为实心轮；该车前方有朝向各异的 2 只公鹿和 3 头牦牛，车前两只鹿之间还有一执弓弩的直立人物，似表现车猎与步猎结合的大型狩猎场面，猎获对象包括野牦牛与公鹿两种。居右下的车亦为单辕、双轮、方舆，舆后横有一弯形物件，与左侧车辆的不同在于：此车虽同是单辕，但在双马外侧还各有 1 匹骖马直接套在方形车舆上，实为单辕四马；该车车轮虽不见车辐，但车轮中心有与之相连的车轴。此车前也有一手执弓弩的直立人物，朝向前方的 2 头野牦牛。此外，画面左侧还有一直立执弓猎人，正追猎其前的 1 头野牦牛。画面上部似有 1 只猎鹰图像。整个场面表现的是车猎与步猎结合的捕猎公鹿和野牦牛的场景。该岩面全部图像分成竖向排列的四列。两个车图像宽 9~10、长 12.4~13.3 厘米；公鹿图像宽 7.6~10.1、高 11.2~17.2 厘米；立姿猎人图像宽 5~7.9、高 8.2~11.2 厘米；牦牛图像长 11.6~18.7、高 6.9~10.2 厘米。所有图像皆为敲琢法"剪影式"造型，琢点较细密，直径 0.1~0.2 厘米。（图 3-21）

图 3-20　昂拉岩画 10 号岩面（2012QALy10）

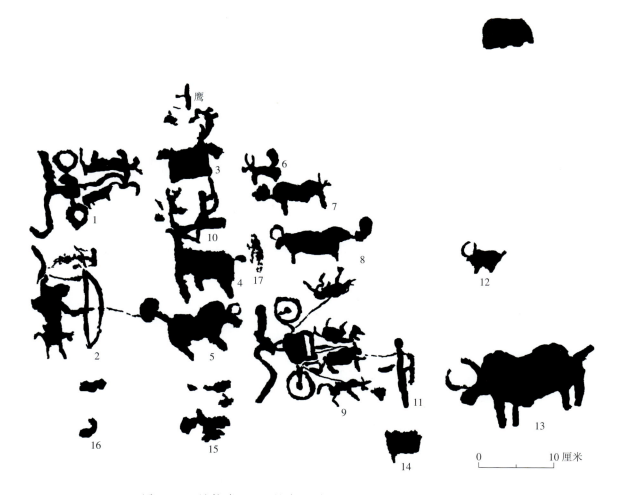

图 3-21　昂拉岩画 10 号岩面（2012QALy10）图像临摹图

11. 11 号岩面

编号 2012QALy11，位于 10 号岩面右侧。岩面呈不规则竖长方形，高 0.9、宽 0.7 米，与地面夹角 98°，朝向东南（139°）。（图 3-22）

图 3-22　昂拉岩画 11 号岩面（2012QALy11）

共计存留有 3 个人物、18 个牦牛、3 个不明图形及图像残迹共 27 个单体图像，内容亦表现狩猎场面。画面自左向右可分为竖向排列的四列，3 个人物图像位于左起第一、二列，左起第一列有上下排列的 2 个人物，居上的人物立于一头牦牛前作牵拉状，居下一人立于一近圆形的图形中拉弓搭箭，指向前方（画面右侧）；左起第二列居中有一人物骑于马上，亦手执弓弩指向前方猎物；左起第三列为头向各异的动物（以野牦牛为多），其间有一形似网套的图像和一个"曰"字形符号。整个画面表现的是牧人追猎野牦牛的场景。单个图像均较小，最大者长 12 厘米。所有图像几乎全为敲琢法"剪影式"造型，仅个别符号类图像为"线描式"造型，琢点细密，直径 0.1~0.3 厘米。（图 3-23）

12. 12 号岩面

编号 2012QALy12，位于 11 号岩面右侧并与之紧邻。岩面呈不规则的竖长条形，宽 0.6、高 1.4 米，与地面夹角 95°，朝向东南（140°）。（图 3-24）

共有 22 个图像及图像残迹，包括人物 3、牦牛 11、羊 2、狼（？）1 和图像残迹 5 个。根据图像分布情况分为上、下两组，分别编号 2012QALy12 ①、2012QALy12 ②。

居上的一组由 2 个岩羊图像、1 个似狼的动物图像和 2 个不明图像的残迹组成。居下的一组由 11 个牦牛图像、3 个人物图像和 3 个不明图像的残迹组成。3 个人物中有两人各立于

图 3-23　昂拉岩画 11 号岩面（2012QALy11）图像临摹图

一头牦牛身后作驱赶状，另一人立于一牦牛图像前。居上一组表现野生动物，居下一组则表现牧人与牲群。整个岩面的图像皆较小，人物图像仅宽 1.5~2.5、高 2.2~3 厘米；牦牛图像最大者长 16.5、高 7.4 厘米。图像大多为敲琢法"剪影式"造型，仅个别图像为"线描式"造型，琢点细密，直径 0.1~0.3 厘米。（图 3-25）

13. 13 号岩面

编号 2012QALy13，位于 12 号岩面右侧。岩面为不规则形，高 1.6、宽 1.4 米，与地面夹角 95°，朝向东南（138°）。（图 3-26）

13 号岩面图像较多，场面宏大，主要表现畜牧活动。计有各种图像 89 个，其中人物图像包括有骑者、猎人和人形神灵等；动物图像主要有羊、猫科动物（豹或虎）、鹿、鹰等。画面构图规整，从左到右可分为竖向排列的七列。（图 3-27）

左起第一列从上至下共 11 个图像，计有牦牛图像 7 个，公鹿、鹰图像各 1 个，人物图像 2 个（一人骑于马上，一人立于牦牛身后）；另有不明性质的图像残迹 5 个。

图 3-24　昂拉岩画 12 号岩面（2012QALy12）

　　左起第二列从上至下共有 12 个图像，包括有牦牛、飞鹰、马、人物和神灵等。该列图像最上端为"曰"字形符号，宽 7.1、高 5.3 厘米；紧邻其右侧为一站立的人形神灵，头呈圆形，两臂上举外伸，身着网格形袍衣，双脚已残；其下为 6 头朝向不同的牦牛和 1 只圈在帐篷形符号中的鹰；最下端为一骑马人物，马后有一手牵马尾的人物。

　　左起第三列从上至下共 14 个图像，上起第 2、3 个图像为猫科动物（豹或虎），皆长尾上卷，处于其上方和下方的两头牦牛之间，当为正在侵袭牲群的野兽；第 7 个图像为公鹿，枝角呈树枝状，其头部下方似为一飞鹰；下端有骑马人物 2 个，应为牧人；另有数个不明意义的图像残迹。

（岩画上部图像）

（岩画下部图像）

图 3-25　昂拉岩画 12 号岩面（2012QALy12）图像临摹图

图 3-26 昂拉岩画 13 号岩面（2012QALy13）

左起第四列共有 18 个图像，可辨识者计有 8 头牦牛、1 只羊和骑马牧人 2 个，牦牛及人物所骑之马头向各异，应表现赶牧场景。

左起第五列共有 13 个图像，可辨识者有 5 头牦牛和居于其间的 1 头公鹿和 1 只盘羊，公鹿前方的 2 个图像似为参与围猎的猎犬；最下端有 1 个骑马人物，应为牧人。

左起第六列共有 12 个图像，可辨识者多为牦牛和羊，最上端较小的几个图像似为动物但不可详辨；居中的 1 只岩羊身后有一执弩人物，羊口中似有血淌出，可能表示已受伤。

左起第七列图像排列不甚整齐，居上为 3 头牦牛和一行穿插其间的飞鹰，居下为 4 头牦牛。

13 号岩面图像近 90 个，图像排列整齐有序，表明制作前经过了一定的规划与构思，且画面中的人物（牧人或猎人）皆居于下端，可能意在指示这些身为牧人或猎人的人物当时居于动物（牲群或被猎动物）的身后，具有支配动物的主动权；唯有身形巨大的人形神灵居于画面上端，其寓意可能是表现有主宰世间万物的神性。所有图像个体皆较小，最大者即人形神灵高 16 厘米，其他人物图像皆不超过 6 厘米，最小的鹰图像则仅 3 厘米。

除人形神灵图像和“曰”字形符号为敲琢法“线描式”造型外，其余图像均为敲琢法“剪影式”造型，琢击点直径 0.1~0.4 厘米。

图 3-27　昂拉岩画 13 号岩面（2012QALy13）图像临摹图

14. 14 号岩面

编号 2012QALy14，位于 13 号岩面正前上方。岩面较小且不平整，呈较规整的长方形，宽 0.3、高 0.2 米，与地面夹角仅 11.5°，几近平行，岩面朝向东南（135°）。（图 3-28）

共有 4 个图像，可辨识图像仅有位于岩面下方的 1 个动物（公鹿？），其他 3 个图像性质不明，仅见残迹。公鹿图像长 8.8、高 10 厘米，为敲琢法"剪影式"造型。（图 3-29）

图 3-28　昂拉岩画 14 号岩面
（2012QALy14）

图 3-29　昂拉岩画 14 号岩面
（2012QALy14）图像临摹图

15. 15 号岩面

编号 2012QALy15，位于 14 号岩面右侧下方。岩面呈不规则的横长方形，宽 1、高 0.35 米，与地面夹角近 90°，朝向东北（30°）。（图 3-30）

图 3-30　昂拉岩画 15 号岩面（2012QALy15）

共有可辨识的图像9个，包括公鹿5个、人物2个、羊1个、神灵1个。5只公鹿头部皆朝向岩面左侧，呈奔跑状，头上枝角前展，尾短腰细，姿态生动，鹿身以横"S"形的涡漩纹装饰，最大者长23、高12.5厘米；最前面一鹿身后有一张开双臂行走的人物，用右手向鹿抛洒点状物（诱饵？）；其上也有一人物作相同状，手指前方一鹿（该图像有缺损，仅见身体后部）；2个人物图像身后的2只鹿之间，有一似为人身鹰翅的神灵图像；上排2只公鹿之间有一体形较小的动物图像，应为羊类。整个画面图像布局紧凑，因岩面上部表层脱落导致上部图像有残缺损坏，但仍可见岩画作者具有相当高的构图及图像组合能力。所有动物图像均为敲琢法"线描式"造型，点琢而成的线条宽0.3~1.2厘米，人物及神灵图像为"剪影式"造型。（图3-31）

图3-31　昂拉岩画15号岩面（2012QALy15）图像临摹图

16.16号岩面

编号2012QALy16，位于15号岩面右侧下方并与地面相接。岩面呈不规则形，宽0.42、高0.57米，与地面夹角为97°，朝向东南（125°）。（图3-32）

可辨识图像共有10个，分为左、右两组：左侧一组图像较小，为上下排列的4个动物，头向各异，从尾形看应为3头牦牛和1只公鹿；右侧一组图像为上下排列的6个动物，图像尺寸大于左侧一组，其中5头牦牛头向各异，体形最大者长11、高5厘米。该岩面另有数个残缺图像，属性不明。所有图像皆为敲琢法"剪影式"造型，琢点较浅，点径0.1~0.4厘米。（图3-33）

17.17号岩面

编号2012QALy17，位于16号岩面上方石崖顶部。岩面呈较为规则的横长方形，宽0.53、高0.41米，朝向东南（134°）。（图3-34）

遗存图像共10个，计有牦牛4头、公鹿2只、不明属种的动物2只、图像残迹2个，可辨识的图像亦多有缺损。所有动物图像在画面上呈向心分布。2只公鹿位于画面偏左部位，一大一小，头上枝状角特征明显，相向而立。体形较大的公鹿长12.7、高11.9厘米；体形较小的公鹿残长2.1、高4.3厘米。4头牦牛除1头居于画面左侧，余皆居画面右侧且头朝向左。所有图像皆为敲琢法"剪影式"造型，琢点较小，点径0.1~0.2厘米。（图3-35）

18.18号岩面

编号2012QALy18，位于17号岩面右侧下方。岩面呈不规则的横长方形，宽1.16、高

图 3-32　昂拉岩画 16 号岩面（2012QALy16）

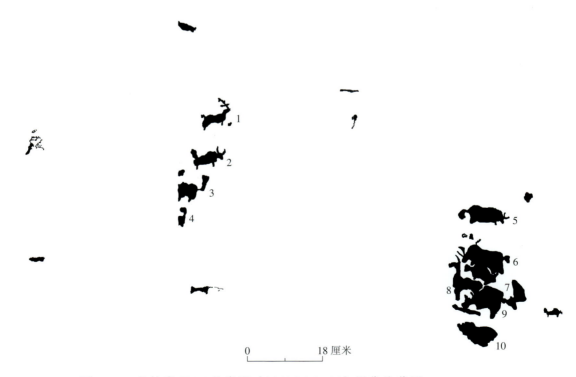

0   18 厘米

图 3-33　昂拉岩画 16 号岩面（2012QALy16）图像临摹图

图 3-34　昂拉岩画 17 号岩面（2012QALy17）

图 3-35　昂拉岩画 17 号岩面（2012QALy17）图像临摹图

0.62 米，朝向东南（155°），几与地面平行。（图 3-36）

　　遗存图像及图像残迹 25 个，以骑马人物为中心，似可分为三组，编号 2012QALy18 ①～2012 QALy18 ③，分别居于岩面的左、中、右部。（图 3-37）

　　2012QALy18 ①，该组图像居于岩面左侧。包括有牦牛 6 头、骑马人物 1 个、猎犬 1 只、不辨属种动物 2 个，共 10 个图像。骑马人物及猎犬偏左，其前行方向朝右，与牦牛群行进的方向相对，且骑马人物手执弓弩指向牦牛群，故该组图像应表现狩猎场景。

图 3-36　昂拉岩画 18 号岩面（2012QALy18）

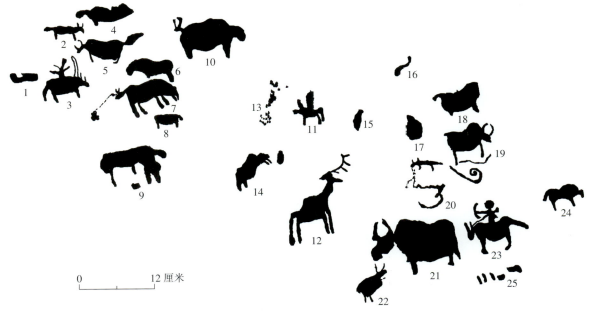

0　　　　　12 厘米

图 3-37　昂拉岩画 18 号岩面（2012QALy18）图像临摹图
（y18①组：1~10；y18②组：11~15；y18③组：16~25）

　　2012QALy18②，该组图像居于岩面中部。包括骑马人物 1 个、公鹿 1 只、不明属种的动物 1 个及图像残迹 2 个，共 5 个图像。岩面较粗糙，骑马人物与鹿等动物方向相反，应表现狩猎场景。

　　2012QALy18③，该组图像居于岩面右侧。有图像及图像残迹共计 10 个，包括骑马人物 1 个、猫科动物 1 个、牦牛 5 头、不明属性的动物及图像残迹 3 个。骑马人物于马上张弓搭箭，指向前方的牦牛，人物图像长 12.1、高 9.8 厘米，牦牛图像长 13.8、高 9.4 厘米。（图 3-38）骑者右前方有猫科动物（豹？），与骑者行进方向相同，尾极长，尾端上卷，图像通长 13.8、高 9.4 厘米；其余牦牛行进方向各异，似呈奔逃状。三组图像皆为敲琢法"剪影式"造型，琢点较小，点径 0.1~0.3 厘米。

图 3-38　昂拉岩画 18 号岩面骑猎人物图像（2012QALy18 ③：23）

19. 19 号岩面

编号 2012QALy19，位于 18 号岩面下方。岩面较大，呈不规则形，宽 1.44、高 1.92 米，与地面夹角略大于 90°，朝向东南（135°）。（图 3-39）

共有图像 62 个。根据图像组合关系、表现内容及所处位置，可将其分为五组，编号 2012QALy19 ① ~2012QALy19 ⑤。（图 3-40）

图 3-39　昂拉岩画 19 号岩面（2012QALy19）

2012QALy19 ①，位于岩面左侧上部。共计 21 个图像，包括有站立人物 1 个、骑马人物 1 个、牦牛 17 头、鹰 1 只和不明性质的图像 1 个（帐篷？）。该组图像最上端为一正面站立人物，抚头（帽？）拄杖状，图像高 10.6、宽 7 厘米。该人物左下方为一骑马人物，为牧人，图像较小，长 10.8、高 8.8 厘米。骑马牧人与其前方的 17 头牦牛行进方向相同，均朝向画面右侧。牦牛群中有一飞鹰。最右端的两头牦牛犄角相对，似为争斗。皆为敲琢法"剪影式"

图 3-40　昂拉岩画 19 号岩面（2012QALy19）图像临摹图

（y19 ①组：1~21；y19 ②组：22~42；y19 ③组：43~53；y19 ④组：54~57；y19 ⑤组：58~62）

造型，点径 0.1~0.3 厘米。此组图像表现放牧场景。

2012QALy19 ②，位于岩面中心位置。共计 21 个图像，计有人物图像 2 个、牦牛 12 头、鹰 5 只、羊或犬 2 个。一人物位于此组图像最上端，立于一牦牛身前作牵拉状，其前有羊或犬 2 只。另一人物立于 2 头犄角相对的牦牛之间，双臂张开，似正在力图将两牦牛分开。其余的牦牛皆呈同向前行（向右）状。画面最前（右）有纵列飞翔的 5 只鹰。皆为敲琢法"剪影式"造型。该组图像亦表现畜牧场景。

2012QALy19 ③，位于岩面左侧下部。共计 11 个图像，由横排一行的 10 个人物和 1 个动物（残部）组成。最左端一人呈正面立姿，右臂上举，左手抚帽；其余九人则呈侧身图像，最后（最右）一人似呈跪姿，面向其前一有角动物（仅残部）。最左侧的人物图像宽 7.5、高 13.4 厘米。一行十人图像通长 39.5、高 7.1~11.5 厘米。皆为敲琢法"剪影式"造型，琢痕较深，点径 0.1~0.3 厘米。该组人物似表现与宗教仪式相关的活动。（图 3-41）

图 3-41　昂拉岩画 19 号岩面（2012QALy19）局部（人物图像）

2012QALy19 ④，位于岩面中部下方。为 4 只公鹿图像，两两相伴，前后相随，皆朝向画面左侧，其中 3 只公鹿图像完整，长 13.8、高 14.4 厘米；另 1 只公鹿仅刻画了头颈部。皆为敲琢法"线描式"造型，琢点构成双轮廓线，琢点细小且较深，直径仅 0.1 厘米。

2012QALy19 ⑤，位于岩面最右侧下方。共计 5 只飞鹰图像，从上至下呈竖向排列，居上者较小，居下者较大，纵列通高 25.5 厘米。皆为敲琢法"剪影式"造型，琢点较深，点径 0.1~0.3 厘米。

20. 20 号岩面

编号 2012QALy20，位于 19 号岩面下方。岩面呈不规则形，面积较小，宽 0.33、高 0.34 米，与地面夹角 94°，朝向东南（133°）。（图 3-42）

共有可辨识动物图像 4 个，为 1 只公鹿和 3 头牦牛。3 头牦牛皆朝向岩面左侧，最下端的牦牛图像有缺损。公鹿则与牦牛相对，朝向岩面右侧，图像长 6.8、高 9.4 厘米。另有不辨属种的动物及性质不明的图像各 1 个。所有图像均为敲琢法"剪影式"造型，琢点较小且深，点径 0.1~0.2 厘米。（图 3-43）

图 3-42　昂拉岩画 20 号岩面（2012QALy20）

图 3-43　昂拉岩画 20 号岩面（2012QALy20）图像临摹图

21. 21 号岩面

编号 2012QALy21，位于 20 号岩面左侧下方。岩面呈不规则形，宽 1.4、高 1.2 米，与地面夹角 100°，朝向东南（125°）。（图 3-44）

图 3-44　昂拉岩画 21 号岩面（2012QALy21）

计有各类图像及图像残迹 60 余个，其中可辨识性质的图像 45 个，包括牦牛 31 头、人物 2 个、鹰 8 只、公鹿 1 只、猎犬 2 只及符号 1 个。（图 3-45）

画面中心为一体形硕大的牦牛，脊背用双线勾勒，朝向画面右侧，图像长 34.9、高 27.6 厘米，为整个画面中体形最大的图像。其身后、身下有体形很小、朝向相同的牦牛数头和公鹿 1 只，整个动物群被 2 只猎犬及呈一字排列的 5 只飞鹰（猎鹰）包围。岩面上部图像以一手执弓弩、呈行走状的人物为中心，周边散布有朝向不同的牦牛数头。画面下部为体形和朝向各异的数头牦牛，其中一牦牛前有一呈蹲踞式姿态的人物，似用手擒住牛角，其下方牦牛身后有一网状符号，性质不明。画面右侧有上、下两组朝向不同的牦牛群，两组牦牛之间有 3 只飞鹰。整组图像分布密集、大小各异，除人物图像外，动物图像主要有两类，一是协助人们捕猎的猎鹰、猎犬，二是作为被猎动物的野牦牛、公鹿等，故其表现内容应是捕猎场景。绝大多数图像为敲琢法"剪影式"造型，仅个别图像为敲琢法"线描式"造型，琢点较小且深，点径 0.1~0.2 厘米。

22. 22 号岩面

编号 2012QALy22，位于 21 号岩面右侧。岩面呈竖长方形，宽 0.91、高 1.98 米，与地面夹角 97°，朝向东南（127°）。（图 3-46）

共遗存有 43 个图像及图像残迹，依岩面形状呈上下竖向排列，多数可辨识其属性，以动物图像为主，包括牦牛图像 15 个、公鹿图像 7 个、羊图像 4 个、鹰图像 10 个，绝大多数动

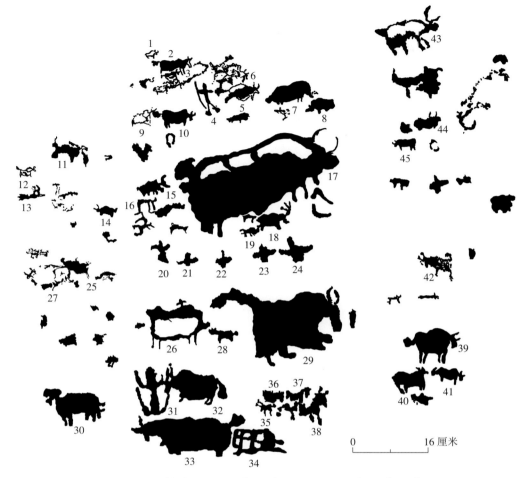

图 3-45 昂拉岩画 21 号岩面（2012QALy21）图像临摹图

物图像朝向一致（朝向岩面右侧）。画面中部偏上为体形最大的 1 头牦牛，图像长 16.8、高 9.7 厘米，与其他图像不同，为敲琢法"线描式"造型。7 只公鹿居于画面中部偏下，头上枝状角展开形式略有不同，最大者长 19.5、高 39 厘米。公鹿前方（画面右侧）有上下竖排成列的飞鹰 7 只。飞鹰左侧有一困在象征陷坑或套索的方形符号中的动物（牦牛？）。此组画面中的动物除飞鹰外，其余动物应属野生种（包括野牦牛），故岩画内容可能包含有牧人对获得更多野生动物的期求。除 3 个图像为"线描式"造型外，其余图像为敲琢法"剪影式"造型，琢点较小且深浅不一，点径 0.1~0.3 厘米。（图 3-47）

23. 23 号岩面

编号 2012QALy23，位于 22 号岩面右侧。岩面略呈竖长方形，宽 0.43、高 1.02 米，与地面夹角略大于 90°，朝向东南（125°）。（图 3-48）

共遗存有 6 个动物图像及图像残迹，呈上下竖行排列。其中可辨识图像为牦牛 2 头，一上一下，大小、朝向不一。居上的牦牛朝向左侧，图像残长 12、高 14 厘米。其余图形不明。除最上一个图像残迹外，余所有图像皆为敲琢法"剪影式"造型，琢点较小且深浅不一，点径 0.1~0.3 厘米。（图 3-49）

图 3-46　昂拉岩画 22 号岩面
（2012QALy22）

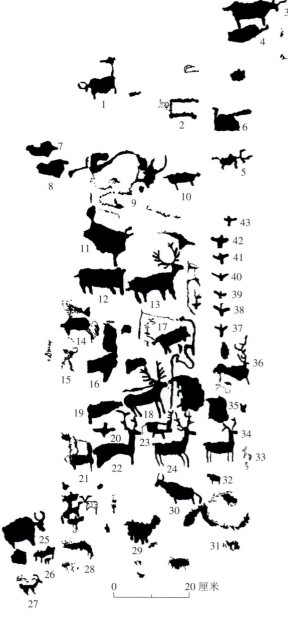

图 3-47　昂拉岩画 22 号岩面
（2012QALy22）图像临摹图

24. 24 号岩面

编号 2012QALy24，位于 23 号岩面右侧后方。岩面略呈横长方形，宽 0.77、高 0.4 米，与地面夹角略大于 90°，朝向东南（121°）。（图 3–50）

共计有 16 个图像残迹，仅有最上一个图像可辨识为牦牛，其余因风化严重难于辨识。图像（残迹）最大者宽 10.9、高 10.4 厘米，最小者宽 5.2、高 3.3 厘米。皆为敲琢法"剪影式"造型，琢点较小且深，点径 0.1~0.2 厘米。（图 3–51）

25. 25 号岩面

编号 2012QALy25，位于 24 号岩面左侧。岩面较小，略呈竖长方形，高 0.58、宽 0.24 米，与地面夹角略大于 90°，朝向西北（310°）。（图 3–52）

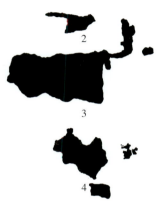

图 3-48 昂拉岩画 23 号岩面
（2012QALy23）

图 3-49 昂拉岩画 23 号岩面
（2012QALy23）图像临摹图

图 3-50 昂拉岩画 24 号岩面（2012QALy24）

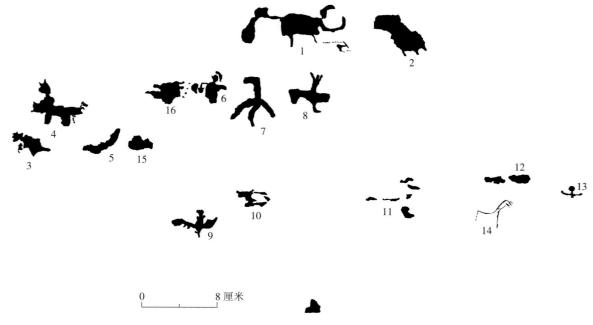

0   8 厘米

图 3-51 　昂拉岩画 24 号岩面（2012QALy24）图像临摹图

遗存动物图像残迹 8 个，其中仅可辨识位于中部偏左者为牦牛。图像（残迹）最大者宽 12.8、高 5.4 厘米，最小者宽 5.3、高 4.6 厘米。图像有敲琢法"剪影式"和"线描式"两种造型。琢点较小且浅，点径 0.1~0.2 厘米。（图 3-53）

26. 26 号岩面

编号 2012QALy26，位于 25 号岩面左侧靠前处。岩面较小，略呈方形，高 0.5、宽 0.42 米，与地面夹角为 90°，朝向东南（135°）。（图 3-54）

共遗存有 5 个牦牛图像，呈左三、右二的上下竖行排列，其中右下者已残。左列第二头和右列第一头的两头牦牛为画面中图像最大者，头向各异，长 12.9~14.2、高 7.2~9.2 厘米。图像皆为敲琢法"剪影式"造型，琢点较小且深，点径 0.1~0.3 厘米。（图 3-55）

27. 27 号岩面

编号 2012QALy27，位于 26 号岩面右侧。岩面略呈竖长方形，宽 0.5、高 0.97 米，与地面夹角为 90°，朝向东南（132°）。（图 3-56）

遗存图像及图像残迹 19 个，内容表现狩猎活动，可辨识的图像计有公鹿 5 只、人物 2 个、牦牛 3 头、不明属种的动物 2 个。所有图像依岩面形状大致呈上下竖行排列。岩面最上端为朝向相同的一鹿、一牦牛，其下为行进方向相同的骑马（牛？）人物。骑者图像长 10.4、高 7.2 厘米，牦牛图像长 12.9、高 8.3 厘米，公鹿图像长 12.4、高 14.3 厘米。画面下部由一执弓弩人物及朝向一致的 4 只公鹿组成。人物身前公鹿图像较大，长 13.9、高 12.2 厘米，下方亦有一体形较大的公鹿，两只公鹿之间还有两只体形很小的公鹿。鹿群前方有一体形很小的牦牛。所有图像皆为敲琢法"剪影式"造型，琢点较小且深，点径 0.1~0.3 厘米。（图 3-57）

28. 28 号岩面

编号 2012QALy28，位于 27 号岩面右侧。岩面呈不规则形，高 1.63、宽 1.1 米，与地面

图 3-52　昂拉岩画 25 号岩面（2012QALy25）

图 3-54　昂拉岩画 26 号岩面（2012QALy26）

图 3-53　昂拉岩画 25 号岩面
（2012QALy25）图像临摹图

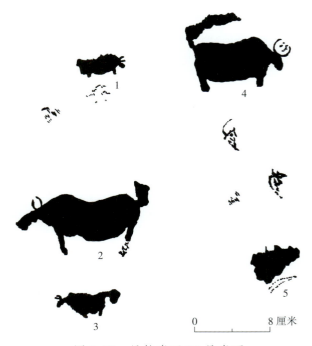

图 3-55　昂拉岩画 26 号岩面
（2012QALy26）图像临摹图

图 3-56　昂拉岩画 27 号岩面
（2012QALy27）

图 3-57　昂拉岩画 27 号岩面
（2012QALy27）图像临摹图

夹角大于 90°，朝向东南（120°）。（图 3-58）

　　共遗存人物、动物、神灵等图像及图像残迹 30 余个，可辨识确认的图像 21 个。依岩面破碎情况分为四组，但表现的是同一狩猎画面。（图 3-59）

　　画面最上端一组偏左，为朝向不同的牦牛 3 头。最上一头朝向右侧，图像宽 9.9、高 7.6 厘米。居中者朝向左侧，图像宽 9.6、高 5.2 厘米。中部靠上的一组图像为朝向各异的牦牛 4 头和猎人 2 人。一猎人骑于马上，另一猎人立于一牦牛前，二人皆手执弓弩，人物图像宽 4、高 4.8 厘米。牦牛与猎者之间有数个小型动物，疑为猎犬。中部靠下的一组图像包括 4 头牦牛、1 个符号、1 个神灵图像、1 只疑为猎犬的小型动物。该组最右侧为一身形巨大的神灵，立姿，着网格状袍衣，有双脚，头戴冠饰。这类图像在昂拉地点多个岩面中都有见到，可能为牧 / 猎人群的某种"保护神"。位于神灵左侧的图形似表示被困于陷坑中的动物，不明属种。画面右侧最下方一组图像为 1 个骑马牧人和 4 头牦牛，可能是狩猎活动中受保护的牲群及其

图 3-58　昂拉岩画 28 号岩面（2012QALy28）

牧者。所有图像皆采用敲琢法"剪影式"造型，琢点较小且深，点径 0.1~0.3 厘米。

29. **29 号岩面**

编号 2012QALy29，位于 28 号岩面右侧靠后处。岩面呈不规则竖长方形，高 1.15、宽 0.5 米，与地面夹角 90°，朝向东南（130°）。（图 3-60）

遗存图像包括 11 头牦牛、5 个猎人、1 个祭坛，另有不可辨识的图像残迹近 10 个。画面布局为上下竖行排列，依动物及人物图像的朝向又有前后（左右）之分，表现狩猎场景。（图 3-61）

图 3-59　昂拉岩画 28 号岩面（2012QALy28）图像临摹图

画面最上一头牦牛已残损，仅存身躯后半部，有圆球状尾部，图像残长 4.7、高 5.5 厘米。其下为朝向相同、大小不一的 9 头野牦牛，以及正在追猎野牦牛群的 5 名猎人，其中 2 人骑于马上作追逐状，2 人徒步执弓弩行进于牛群之间，左侧另有 1 人立于牦牛身后。居上的步行猎人图像宽 10.9、高 9.2 厘米，野牦牛中体形最大者长 17.6、高 9.1 厘米。画面中部最右侧有一图像似为祭坛或类似建筑，由"凸"字形祭台及其前数条条状、方形建筑构成。除祭坛外，其余图像皆为敲琢法"剪影式"造型，琢点较小且深，点径 0.1~0.2 厘米。

图 3-60　昂拉岩画 29 号岩面
（2012QALy29）

图 3-61　昂拉岩画 29 号岩面
（2012QALy29）图像临摹图

30. 30 号岩面

编号 2012QALy30，位于 29 号岩面左侧靠前处。岩面呈不规则的四边形，高 1.08、最大宽 0.7 米，与地面夹角略大于 90°，朝向东南（135°）。因岩面风化产生的多条裂隙对岩画图像多有破坏，部分图像仅见残迹。（图 3-62）

可辨识图像共有 11 个，包括牦牛 8 头、骑牛牧者 1 个、公鹿 1 只、鹰 1 只。图像依岩面形状呈上下纵列分布，画面内容为放牧活动。牦牛体形相对较大，长 8.6~12、高 7.4~11.3 厘米。所有图像皆为敲琢法"剪影式"造型，琢点较小且深，点径 0.1~0.2 厘米。（图 3-63）

31. 31 号岩面

编号 2012QALy31，位于 30 号岩面左侧上部。岩面略呈横长方形，宽 1.02、高 0.45 米，与地面夹角为 90°，朝向东南（126°）。（图 3-64）

图 3-62　昂拉岩画 30 号岩面
（2012QALy30）

图 3-63　昂拉岩画 30 号岩面
（2012QALy30）图像临摹图

图 3-64　昂拉岩画 31 号岩面（2012QALy31）

共遗存图像9个，为7头牦牛、1只公鹿和1个神灵类符号。7头牦牛朝向不一，朝右者4头，朝左者3头，似围绕在神灵的周围；图像最大者长14.9、高7.4厘米。神灵图像形似塔状物，但结合昂拉地点其他岩面上的类似图像分析，应是具有保护畜牧牲群意义的"保护神"形象。画面最右侧有一公鹿，朝向右侧，身躯后半部已残，图像残长8.2、高9.7厘米。所有图像皆为敲琢法"剪影式"造型，琢点较小且深，点径0.1~0.2厘米。（图3-65）

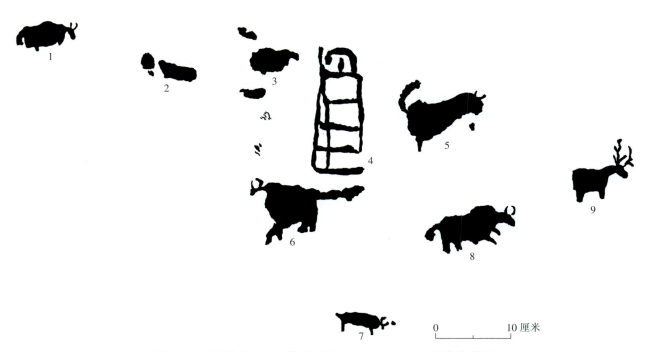

图3-65　昂拉岩画31号岩面（2012QALy31）图像临摹图

32. 32号岩面

编号2012QALy32，位于31号岩面左侧。岩面后凹约5厘米，略呈横长方形，长0.72、高0.25米，岩面几近与地面平行，朝向东南（134°）。（图3-66）

图3-66　昂拉岩画32号岩面（2012QALy32）

　　共遗存图像9个，画面左侧最前面为一"] ["形的台形物，5个侧身人物列队紧随其后，似作祭供状，侧身人形宽3~3.8、高10~12.6厘米。画面中下部有一朝向左侧的动物图像，似为牦牛，但头上弯角不存。画面最右侧为一不明性质的图像。所有图像皆为敲琢法"剪影式"造型，琢点较小且较浅，点径0.1~0.2厘米。（图3-67）

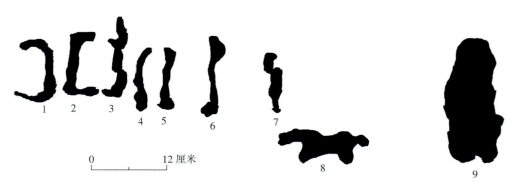

0　　　　12厘米

图3-67　昂拉岩画32号岩面（2012QALy32）图像临摹图

33.33 号岩面

　　编号2012QALy33，位于32号岩面左侧。岩面呈不规则形，长0.53、宽0.5米，几与地面平行，朝向东南（126°）。（图3-68）

图3-68　昂拉岩画33号岩面（2012QALy33）

　　共遗存图像3个，为1头公鹿、1只鹰及1个不明性质的图像。公鹿居于画面右上部位，朝向画面左侧，下肢及尾有残缺，图像长10.4、高9厘米。飞鹰图像居于画面中央，呈展翅飞翔状，朝向画面左侧，图像宽 12.8、长 9.4 厘米。图像皆为敲琢法"剪影式"造型，琢点较小且较深，点径 0.1~0.3 厘米。（图 3-69）

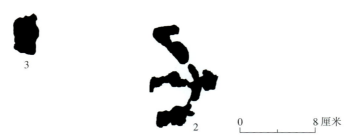

图 3-69　昂拉岩画 33 号岩面（2012QALy33）图像临摹图

34. 34 号岩面

编号 2012QALy34，位于 33 号岩面右侧靠后处。岩面近方形，高 0.46、宽 0.47 米，几近与地面平行。（图 3-70）

共遗存图像 3 个，为 2 头朝向画面右侧的牦牛和其间的 1 个持弓弩骑者，画面表现骑猎场景。2 头牦牛体形肥硕，一前一后作奔跑状，图像长 8.8、高 5.7 厘米。骑猎者居于 2 头牦牛之间，手执弓弩正在追猎其前方的 1 头牦牛。图像皆为敲琢法"剪影式"造型，琢点较小且较浅，点径 0.1~0.2 厘米。（图 3-71）

图 3-70　昂拉岩画 34 号岩面（2012QALy34）

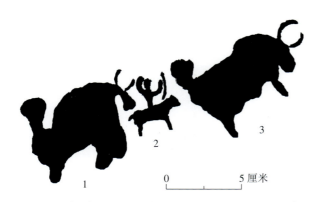

图 3-71　昂拉岩画 34 号岩面（2012QALy34）图像临摹图

图 3-72　昂拉岩画 35 号岩面（2012QALy35）

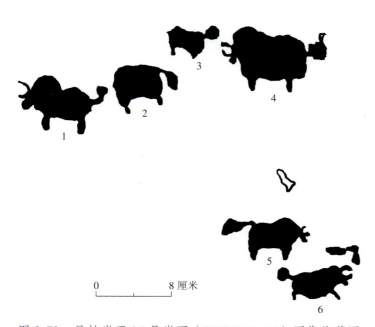

图 3-73　昂拉岩画 35 号岩面（2012QALy35）图像临摹图

35. 35 号岩面

编号 2012QALy35，位于 34 号岩面左侧。岩面略呈方形，宽 0.41、高 0.43 米，与地面夹角大于 90°，朝向东南（119°）。（图 3-72）

共有牦牛图像 6 个和不明性质的图像残迹 2 个。6 头牦牛可分为两组。4 头居于岩面左上位置，行进方向一致，皆朝向画面左侧，其中 2 头牦牛头部残缺，图像长 11.2、高 6.2 厘米。另有 2 头牦牛居于岩面右下部，行进方向与左上牦牛相反，朝向画面右侧，图像长 9.9、高 5.9 厘米。图像皆为敲琢法"剪影式"造型，琢点较浅，点径 0.1~0.3 厘米。（图 3-73）

36. 36 号岩面

编号 2012QALy36，位于 35 号岩面左侧且与其紧邻。岩面很小，略呈竖长方形，宽 0.1、高 0.25 米，与地面夹角略大于 90°，朝向东南（117°）。（图 3-74）

共遗存图像 4 个，包括朝向一致、头略下斜的牦牛 2 头，下方和左侧各有 1 个性质不明的图像痕迹。牦牛图像长 8.6、高 5.6 厘米。图像皆为敲琢法"剪影式"造型，琢点细密且较深，点径仅 0.1 厘米。（图 3-75）

37. 37 号岩面

编号 2012QALy37，位于 36 号岩面左侧 5 米处，岩面被裂隙分割成上、下两块。居上一块呈不规则形，高 0.23、宽 0.46 米，与地面夹角略大于 90°，朝向东南（120°）。（图 3-76）

图 3-74　昂拉岩画 36 号岩面
（2012QALy36）

图 3-75　昂拉岩画 36 号岩面
（2012QALy36）图像临摹图

图 3-76　昂拉岩画 37 号岩面上部（2012QALy37 ①）

　　居上的岩面有 6 个图像，编号 2012 QALy37 ①，为 1 个猎人和 5 头牦牛组成的追猎场景：猎人位于画面左侧，立姿，头戴皮帽，手持弓弩拉弦欲发；其前方为奔跑的 5 头牦牛，牦牛皆朝向岩面右侧，体形肥硕，其中图像最大者长 10.8、高 7.9 厘米。（图 3-77）

　　居下的岩面编号 2012QALy37 ②，呈不规则形，宽 0.45、高 0.35 米。仅存 1 个牦牛图像，亦朝向岩面右侧，体形肥硕，图像长 15.8、高 9.8 厘米。（图 3-78、图 3-79）

　　两组图像皆为敲琢法"剪影式"造型，琢点较小且较深，点径 0.1~0.3 厘米。

38. 38 号岩面

　　编号 2012QALy38，位于 37 号岩面上方。岩面呈不规则形，宽 0.48、高 0.3 米，基本与地面平行，朝向东南。（图 3-80）

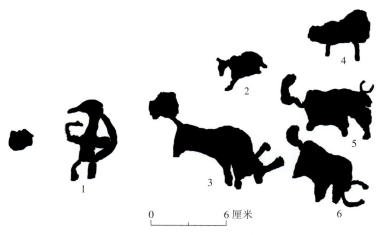

图 3-77　昂拉岩画 37 号岩面上部（2012QALy37 ①）图像临摹图

图 3-78　昂拉岩画 37 号岩面下部（2012QALy37 ②）

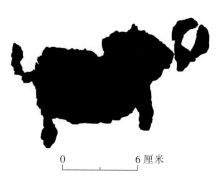

图 3-79　昂拉岩画 37 号岩面下部
（2012QALy37 ②）图像临摹图

图 3-80　昂拉岩画 38 号岩面（2012QALy38）

　　共有图像 2 个，其一为牦牛，另一为不明性质的图形。牦牛朝向岩面左侧，体形壮硕，尾下有点状琢痕，似为表现排出的粪便，图像长 16.1、高 7.9 厘米。另一图形呈"T"字形，宽 5.9、高 6.3 厘米。2 个图像皆为敲琢法"剪影式"造型，琢点较深，点径 0.1~0.4 厘米。（图 3-81）

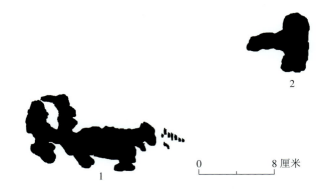

图 3-81　昂拉岩画 38 号岩面（2012QALy38）图像临摹图

39. 39 号岩面

　　编号 2012QALy39，位于 37 号岩面左侧。岩面较小，呈不规则形，宽 0.35、高 0.25 米，与地面夹角大于 90°，朝向东南（124°）。（图 3-82）

　　共有图像 2 个。居右为一牦牛，朝向画面右下方，图像高 9、长 9.7 厘米。其身后（左侧）有一图像琢痕，似为一侧身人物。2 个图像皆为敲琢法"剪影式"造型，琢点较深且小，点径 0.1~0.2 厘米。（图 3-83）

图 3-82　昂拉岩画 39 号岩面
（2012QALy39）

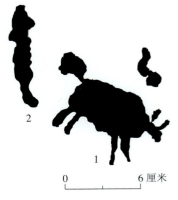

图 3-83　昂拉岩画 39 号岩面
（2012QALy39）图像临摹图

40. 40 号岩面

编号 2012QALy40，位于 39 号岩面左侧 2 米处。岩面较小，略呈长方形，宽 0.27、高 0.2 米，与地面夹角 83°，朝向东南（118°）。（图 3-84）

遗存图像仅 1 个，为一头朝向右侧的牦牛，其尾部被地衣覆盖，图像长 12.6、高 7.8 厘米。为敲琢法"剪影式"造型，琢点较深且小，点径 0.1~0.2 厘米。（图 3-85）

图 3-84　昂拉岩画 40 号岩面
（2012QALy40）

图 3-85　昂拉岩画 40 号岩面
（2012QALy40）牦牛图像临摹图

41. 41 号岩面

编号 2012QALy41，位于 40 号岩面左侧 1.5 米处。岩面呈横长方形，宽 0.72、高 0.32 米，与地面夹角 84°，朝向东南（127°）。（图 3-86）

图 3-86　昂拉岩画 41 号岩面（2012QALy41）

遗存动物图像 3 个，呈"一"字形横向分布。其中可辨识者仅 1 头牦牛，朝向岩面右侧，头部及身体前半部已残损不存，图像残长 7.3、高 8.4 厘米。其余 2 个图像为动物身体残部，属种不辨，图像残长 7.5、高 5.4 厘米。皆为敲琢法"剪影式"造型，琢点较深且小，点径 0.1~0.2 厘米。（图 3-87）

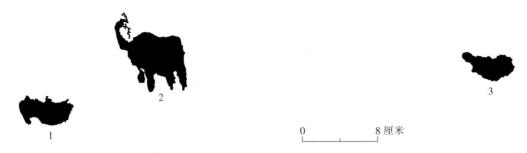

图 3-87 昂拉岩画 41 号岩面（2012QALy41）图像临摹图

42.42 号岩面

编号 2012QALy42，位于 41 号岩面左侧偏北方向约 6 米处。岩面略呈横长方形，宽 1.34、高 0.58 米，与地面夹角大于 90°，朝向西南（206°）。（图 3-88）

仅遗存图像 1 个，为一头朝向岩面左侧的牦牛，图像长 17.2、高 7.6 厘米。为敲琢法"剪影式"造型，琢点较深，点径 0.1~0.3 厘米。（图 3-89）

图 3-88 昂拉岩画 42 号岩面
（2012QALy42）

图 3-89 昂拉岩画 42 号岩面
（2012QALy42）牦牛图像临摹图

43.43 号岩面

编号 2012QALy43，与前述 42 个岩面所处岩体有一定距离，位于其东北方向约 50 米处的基岩上。岩面呈不规则形，宽 0.56、高 0.42 米，与地面夹角大于 90°，朝向东北（30°）。（图 3-90）

遗存图像及残迹 9 个，可辨识者为 1 个骑牛牧人、1 匹马、4 头牦牛，表现放牧活动。骑牛牧人居于画面中间，朝向画面右侧行进，图像宽 9.7、高 7.5 厘米。其前方及左右两侧为 4 头朝向一致（向右）的牦牛。牧人上方有一似为飞鹰的图像残痕。画面右侧最前方为 1 头体

图 3-90　昂拉岩画 43 号岩面（2012QALy43）

形硕大的牦牛，图像宽 15.3、高 9.9 厘米。牦牛身后有 4 个略呈圆形的琢痕，似表现蹄印或排泄的粪便。牧人身后还有 1 匹头朝画面左侧的马，图像宽 9、高 4.9 厘米。所有图像皆为敲琢法"剪影式"造型，琢点较深且小，点径 0.1~0.2 厘米。（图 3-91）

图 3-91　昂拉岩画 43 号岩面（2012QALy43）图像临摹图

44. 44 号岩面

编号 2012QALy44，位于 43 号岩面右侧偏南处。岩面较小，呈不规则形，最大宽 0.32、最大高 0.27 米，与地面夹角大于 90°，朝向东南（121°）。（图 3-92）

遗存图像 6 个，被自然裂隙分为两组，其一居于偏左的上部，其二居于偏右的下部。偏左上部的一组仅 2 个图像，为 1 个骑牛牧人和 1 头牦牛。骑牛牧人居上，朝向岩面右侧，图像宽 9.3、高 7.1 厘米。其下方的牦牛体形肥硕，与牧人朝向一致，图像宽 21、高 12.7 厘米。牦牛身后有略呈圆形的琢点痕迹，似表现其排泄的粪便。（图 3-93）

图 3-92　昂拉岩画 44 号岩面　　　　　　　　图 3-93　昂拉岩画 44 号岩面
（2012QALy44）上部　　　　　　　　　　（2012QALy44）上部图像临摹图

偏右下部的一组有图像 4 个。位于最左端的为一骑者，策马向前（画面右侧），手执弓弩作发射状，弓弩前端有点状线条与前方一巨大的柱状图形相连，似表现骑者的箭指对象。在柱状图形右下方有 2 个动物图像，图像有残缺，似为牦牛，牦牛身后有表现排泄物的细点琢痕。（图 3-94、图 3-95）

整个画面表现狩猎或畜牧场景。所有图像皆为敲琢法"剪影式"造型，琢点较深且小，点径 0.1~0.2 厘米。

45. 45 号岩面

编号 2012QALy45，位于 44 号岩面右侧东北方向约 30 米处。岩面略呈方形，宽 0.6、高 0.45 米，与地面夹角大于 90°，朝向东南（131°）。（图 3-96）

遗存图像仅 1 个，为朝向岩面右侧的牦牛，虽有残缺，但一对弯角特征明显。图像宽 12、高 12 厘米。为敲琢法"线描式"造型，琢点小而粗疏且深浅不一，点径 0.1~0.3 厘米。（图 3-97）

图 3-94　昂拉岩画 44 号岩面
（2012QALy44）下部

图 3-95　昂拉岩画 44 号岩面
（2012QALy44）下部图像临摹图

图 3-96　昂拉岩画 45 号岩面
（2012QALy45）

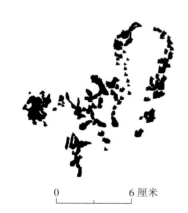

图 3-97　昂拉岩画 45 号岩面
（2012QALy45）牦牛图像临摹图

二、治龙岩画

　　治龙岩画（编号 2014QZL）地处通天河北侧支流楚玛尔河左岸河谷地带，地属曲麻莱县曲麻河乡昂拉村，东距曲麻河乡行政驻地约 20 千米。岩画遗存中心点地理坐标为北纬 34°78′、东经 94°83′，海拔 4386 米。岩画遗存点南侧 200 米处有牧民住房，所处环境为高海拔夏季草场，地表植被属高原草甸类型，地势较为平缓。琢刻有岩画的基岩出露于山体前端，为深褐色或灰褐色页岩，岩面比较破碎。（图 3-98）

　　联合考古队于 2014 年 7 月对治龙岩画进行了调查记录。共发现琢刻有图像的岩面 7 个，岩面之间相距数十米或数百米不等，分别编号 2014QZLy1~2014QZLy7。7 个岩面共计遗存有

图 3-98 治龙岩画遗存地点

各类图像及图像残痕 49 个，多为动物图像。

1. 1 号岩面

编号 2014QZLy1，岩面略呈竖长方形，宽 0.5、高 2 米，与地面夹角大于 90°，朝向东南（145°）。岩面自上而下皆有若干裂隙且不平整。图像依组合关系可分为四组，编号 2014QZLy1 ①~2014QZLy1 ④。

2014QZLy1 ①，计有动物图像 4 个，可辨识者为牦牛 1 头，其余 3 个属种不辨。牦牛朝向画面右侧，长 10、高 5.5 厘米。其余 3 个图像宽 4.3~8、高 2.3~5.9 厘米。均为敲琢法"剪影式"造型，琢点深浅不一，点径 0.1~0.2 厘米。（图 3-99）

2014QZLy1 ②，该组 2 个图像皆为动物，但难辨属种。一个图像宽 9.4、高 10.5 厘米，另一图像残宽 8.3、高 7.6 厘米。皆为敲琢法"剪影式"造型，点径 0.1~0.2 厘米。

2014QZLy1 ③，共有 5 个动物图像。可辨识者为公鹿 3 只，图像分别宽 8.4、高 5.5 厘米，宽 9.2、高 5.8 厘米，宽 12.5、高 5.4 厘米。另有 2 个图像残迹性质不明。皆为敲琢法"剪影式"造型，琢痕深浅不一，点径 0.1~0.2 厘米。（图 3-100）

图 3-99 治龙岩画 1 号岩面 1 组（2014QZLy1 ①）牦牛图像

图 3-100 治龙岩画 1 号岩面 3 组（2014QZLy1 ③）公鹿图像

2014QZLy1 ④，共有 5 个图像，包括 1 头牦牛、2 只公鹿和 2 个属种不辨的动物。牦牛朝向画面左侧，宽 22.3、高 9.1 厘米。2 只公鹿朝向画面右侧，图像分别宽 8.5、11 厘米，高 5.2、7 厘米。所有图像皆为敲琢法"剪影式"造型，琢痕深浅不一，琢点较小，点径 0.1~0.2 厘米。（图 3-101、图 3-102）

2.2 号岩面

编号 2014QZLy2，位于昂拉村村主任住房屋后的溪沟左岸。岩面灰褐色，略呈竖长方形，宽 0.55、高 0.85 米，与地面夹角大于 90°，朝向东南（126°），有若干裂隙且不平整。

共有 3 个图像，其中 2 个因风化难以辨识，另 1 个公鹿图像尚可辨识。公鹿朝向画面右侧，头上枝角夸张成后弯状，图像宽 9.5、高 11 厘米。为敲琢法"线描式"造型，琢痕较浅，点径 0.1~0.2 厘米。（图 3-103）

3.3 号岩面

编号 2014QZLy3，与 2 号岩面相对，位于溪沟右岸沟口。岩面略呈竖长方形，宽 0.5、高 0.85 米，与地面夹角略大于 90°，朝向东南（120°）。（图 3-104）

共有动物图像 10 个，呈上下竖向排列。可辨识者有牦牛图像 3 个、公鹿图像 3 个，动物朝向一致，即均朝向画面左侧，其余 4 个图像不辨属种。公鹿图像宽 9~12.8、高 9~9.5 厘米，牦牛图像宽 8.5~9.9、高 5~6.2 厘米。皆为敲琢法"剪影式"造型，琢痕较浅，点径 0.1~0.2 厘米。（图 3-105、图 3-106）

4.4 号岩面

编号 2014QZLy4，位于 3 号岩面左侧约 200 米处。岩面深褐色，略呈方形，宽 0.5、高 0.44 米，与地面夹角大于 90°，朝向东南（140°）。

共有动物图像及痕迹 5 个，其中 3 个可辨识为牦牛，其余属种不辨。3 头牦牛朝向不一，图像宽 10~15.2、高 6.1~7.3 厘米。皆为敲琢法"线描式"造型，琢痕较浅，点径 0.1~0.2 厘米，琢线宽 0.4~0.8 厘米。（图 3-107、图 3-108）

图 3-101　治龙岩画 1 号岩面 4 组（2014QZLy1 ④）牦牛图像

图 3-102　治龙岩画 1 号岩面 4 组（2014QZLy1 ④）公鹿图像

图 3-103　治龙岩画 2 号岩面（2014QZLy2）公鹿图像

图 3-104 治龙岩画 3 号岩面（2014QZLy3）

图 3-105 治龙岩画 3 号岩面（2014QZLy3）公鹿图像

图 3-106 治龙岩画 3 号岩面（2014QZLy3）牦牛图像

图 3-107 治龙岩画 4 号岩面（2014QZLy4）牦牛图像

图 3-108 治龙岩画 4 号岩面（2014QZLy4）牦牛图像

5.5 号岩面

编号 2014QZLy5，位于 4 号岩面左侧约 20 米处。岩面呈灰褐色，不规则形，与地面夹角大于 90°，朝向东南（144°）。共有动物图像 12 个，分为上、下两组，编号 2014QZLy5 ①、2014QZLy5 ②。

2014QZLy5 ①，岩面宽 0.35、高 0.8 米。仅 1 个牦牛图像，宽 11.5、高 11.2 厘米。为敲琢法"剪影式"造型，点径 0.1~0.2 厘米。（图 3-109）

2014QZLy5 ②，岩面宽 0.4、高 1.3 米。共有 11 个琢刻图像及图像琢痕，包括有牦牛、羊、鹿、畜圈等，表现畜牧生活。（图 3-110）画面中的动物朝向不同的方向，亦有少数不辨性质的图像。图像大小各异，宽 4.2~14.6、高 4.2~19.8 厘米。皆为敲琢法制作，有"剪影式"造型和"线描式"造型两种，琢痕较深，点径 0.1~0.2 厘米，琢线宽 0.4~0.6 厘米。（图 3-111 至图 3-117）

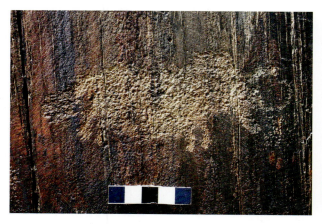

图 3-109　治龙岩画 5 号岩面上部
（2014QZLy5 ①）牦牛图像

图 3-111　治龙岩画 5 号岩面下部
（2014QZLy5 ②）畜圈图像

图 3-110　治龙岩画 5 号岩面下部
（2014QZLy5 ②）

6.6 号岩面

编号 2014QZLy6，位于 5 号岩面左侧约 5 米处，与现地表高差约 5 米。岩面呈红褐色，不规则形，与地面夹角近 90°，朝向东南（160°）。

仅有 1 个牦牛图像，牦牛朝向岩面左侧，图像宽 9.5、高 6 厘米。为敲琢法"剪影式"造型，琢痕较大且较深，点径 0.1~0.5 厘米。牦牛头上弯角因后期琢刻加工而近圆环形，色泽较浅。（图 3-118）

7.7 号岩面

编号 2014QZLy7，位于 6 号岩面左侧约 7 米处，与现地面高差约 3 米。岩面呈红褐色，不规则形，与地面夹角略大于 90°，朝向东南（135°）。

有呈上下排列的牦牛图像 2 个。居上的牦牛朝向岩面右侧，图像宽 12.5、高 7 厘米；居下的牦牛朝向岩面左侧，图像宽 11.1、高 6 厘米。皆为敲琢法"剪影式"造型，琢痕细密且较浅，点径 0.1~0.2 厘米，因风化作用已较为模糊。（图 3-119）

图 3-112　治龙岩画 5 号岩面下部（2014QZLy5 ②）牦牛图像

图 3-113　治龙岩画 5 号岩面下部（2014QZLy5 ②）公鹿图像

三、章囊岩画

章囊岩画（编号 2014QZN）地处曲麻河乡行政驻地以西、昂拉村以东的楚玛尔河河谷地带，小地名章囊，地属曲麻河乡昂拉牧委会（昂拉大队）。岩画遗存中心点地理坐标为北纬 34°89′60″、东经 94°93′66″，海拔 4309 米。岩画发现于楚玛尔河左岸（北岸）略呈北南走向的山谷谷坡西侧基岩上，岩体比较破碎，多呈深褐色，分布有图像的岩面最低处与现地表高差 1.5 米，最高处约 15 米，距楚玛尔河河岸约 60 米。图像分布在大小不同的 11 个岩面上，相距数米到数十米不等，编号 2014QZNy1~2014QZNy11，共有 83 个图像及图像琢痕。（图 3-120、图 3-121）

1.1 号岩面

编号 2014QZNy1，位于岩画遗存点西端，距地面高约 5 米。岩面呈上窄下宽的不规则形，最大宽 1.75、高 2.45 米，与地面夹角略大于 90°，朝向东南（112°）。是章囊岩画保存图像数量最多的岩面，共有 49 个图像及图像琢痕，图像被自然裂隙分为三组，编号

图 3-114　治龙岩画 5 号岩面下部
（2014QZLy5 ②）动物图像

图 3-115　治龙岩画 5 号岩面下部
（2014QZLy5 ②）牦牛图像

图 3-116　治龙岩画 5 号岩面下部
（2014QZLy5 ②）牦牛图像

图 3-117　治龙岩画 5 号岩面下部
（2014QZLy5 ②）羊图像

图 3-118　治龙岩画 6 号岩面
（2014QZLy6）牦牛图像

图 3-119　治龙岩画 7 号岩面
（2014QZLy7）牦牛图像

图 3-120　章囊岩画遗存地点

图 3-121　章囊岩画岩面分布示意

2014QZNy1 ① ~2014QZNy1 ③。（图 3–122）

　　2014QZNy1 ①，位于石崖最上部，画面高约 0.95 米。共遗存 11 个图像，表现动物群。最上部为 1 个带短芒线的太阳符号。其下可辨识有 4 个牦牛图像，其中 2 头体形较大的牦牛头角相对。其余不明属种的动物图像有 6 个，琢痕尺寸皆小于牦牛图像。牦牛图像宽 9.5~15、高 7.4~13.2 厘米。皆为敲琢法"剪影式"造型，琢痕细密且较浅，点径 0.1~0.3 厘米。个别

图 3-122　章囊岩画 1 号岩面（2014QZNy1）

图像因风化已较模糊。（图 3-123、图 3-124）

2014QZNy1 ②，位于第 1 组图像下方。共有动物及人物图像 26 个，表现牧人狩猎场景。计有执弩或鼓（？）的立姿人物 3 个，骑马及骆驼（？）的人物 3 个，作为狩猎辅助工具的飞鹰图像 5 个，被猎动物野牦牛、公鹿、猫科动物（虎或豹）图像共 4 个，其余 11 个为不辨性质的图像或符号琢痕。立姿人物图像宽 9~11、高 10.8~13 厘米，骑者图像宽 9~19.8、高 8.5~19.1 厘米，被猎动物图像宽 3.5~11.5、高 10.2~16.2 厘米，飞鹰图像宽 4~5.2、高 5.7~7 厘米。所有图像皆为敲琢法"剪影式"造型，琢痕细密且较浅，点径 0.1~0.3 厘米。岩面左侧有残缺。（图 3-125 至图 3-131）

2014QZNy1 ③，位于第 2 组图像下方。共有动物及人物图像 12 个，表现牧人捕猎场景。其中可辨识者有公鹿图像 2 个，呈回头奔逃状，图像宽 12.2~18、高 14~15 厘米；飞鹰图像 1 个，宽 8.4、高 9 厘米；执弩骑者图像 1 个，宽 13.5、高 15 厘米。皆为敲琢法"剪影式"造型，琢痕密集，但大小、深浅不一，点径 0.1~0.4 厘米。（图 3-132）

2.2 号岩面

编号 2014QZNy2，位于 1 号岩面右侧上方约 15 米处。岩面略呈长方形，宽 0.35、高 0.3 米，与地面夹角大于 90°，朝向东南（140°）。

仅遗存 1 个牦牛图像。牦牛朝向岩面左侧，图像宽 11.3、高 11 厘米。为敲琢法"剪影式"造型，琢痕较深，点径 0.1~0.3 厘米。（图 3-133）

图 3-123 章囊岩画 1 号岩面 1 组
（2014QZNy1 ①）

图 3-124 章囊岩画 1 号岩面 1 组
（2014QZNy1 ①）牦牛图像

图 3-126 章囊岩画 1 号岩面 2 组
（2014QZNy1 ②）人物图像

图 3-125 章囊岩画 1 号岩面 2 组
（2014QZNy1 ②）

图 3-127 章囊岩画 1 号岩面 2 组
（2014QZNy1 ②）猫科动物图像

图 3-128 章囊岩画 1 号岩面 2 组
（2014QZNy1 ②）骑者图像

图 3-129 章囊岩画 1 号岩面 2 组 （2014QZNy1 ②）持鼓人物图像 图 3-130 章囊岩画 1 号岩面 2 组 （2014QZNy1 ②）鹰图像 图 3-131 章囊岩画 1 号岩面 2 组 （2014QZNy1 ②）骑驼人图像

图 3-132 章囊岩画 1 号岩面 3 组（2014QZNy1 ③）

3.3 号岩面

编号 2014QZNy3，位于 2 号岩面左侧上方约 2 米处。岩面略呈横长方形，宽 0.8、高 0.7 米，与地面夹角大于 90°，朝向西南（230°）。

共有 6 个动物图像。可辨识者为牦牛图像 2 个，图像宽 10.2~12.4、高 3.7~8.3 厘米，为敲琢法"剪影式"造型，琢痕较深，点径 0.1~0.3 厘米。（图 3-134）

4.4 号岩面

编号 2014QZNy4，位于 2 号岩面右侧上方约 25 米处。岩面呈不规则形，宽 0.5、高 0.56 米，与地面夹角略大于 90°，朝向东南（126°）。

共遗存 4 个动物图像。可辨识者为 1 头朝向岩面右侧的牦牛，图像宽 6.6、高 6.7 厘米。为敲琢法"剪影式"造型，点径 0.1~0.2 厘米。（图 3-135）

5.5 号岩面

编号 2014QZNy5，位于 4 号岩面左侧上方约 3 米处。岩面略呈横长方形，宽 1.14、高 0.25 米，与地面夹角略大于 90°，朝向东南（129°）。

共遗存动物图像 4 个。可辨识者为牦牛图像 2 个，牦牛一前一后，皆朝向岩面右侧。图像宽 9.4~10.5、高 5~5.6 厘米，为敲琢法"剪影式"造型，点径 0.1~0.2 厘米。（图 3-136）

6.6 号岩面

编号 2014QZNy6，位于 1 号岩面左侧靠上约 3 米处。岩面略呈横长方形，宽 0.9、高 0.3 米，与地面夹角略大于 90°，朝向东南（131°）。

共遗存动物及人物图像 6 个，表现放牧活动。可辨识动物图像有牦牛 2 头，皆朝向岩面右侧，图像宽约 10、高约 7 厘米，点径 0.1~0.3 厘米；人物图像 1 个，为骑马牧人，策马朝向岩面左侧，手执鞭状物指向前方，图像宽 7.8、高 5.2 厘米，点径 0.1~0.2 厘米。所有图像皆为敲琢法"剪影式"造型，琢点深浅不一。（图 3-137、图 3-138）

7.7 号岩面

编号 2014QZNy7，位于 6 号岩面右侧上方约 2 米处。岩面略呈横长方形，宽 0.4、高 0.2 米，与地面夹角略大于 90°，朝向东南（132°）。

遗存不明属种的动物图像残痕 1 个，残痕宽 8.9、高 4.5 厘米。为敲琢法"剪影式"造型，琢点较深且稀疏，点径 0.1~0.3 厘米。

图 3-133　章囊岩画 2 号岩面（2014QZNy2）牦牛图像

图 3-134　章囊岩画 3 号岩面（2014QZNy3）牦牛图像

图 3-135　章囊岩画 4 号岩面（2014QZNy4）牦牛图像

图 3-136　章囊岩画 5 号岩面（2014QZNy5）牦牛图像

图 3-137　章囊岩画 6 号岩面　　　　图 3-138　章囊岩画 6 号岩面
（2014QZNy6）牦牛图像　　　　　　（2014QZNy6）骑者图像

8.8 号岩面

编号 2014QZNy8，位于 1 号岩面左侧下方 3.5 米处。岩面略呈横长方形，宽 0.75、高 0.22 米，与地面夹角大于 90°，朝向东南（123°）。

遗存图像 2 个。可辨识者为一骑牛牧人，朝向岩面右侧行进，上部已残，图像宽 14、高 15 厘米；为敲琢法"剪影式"造型，琢点较深，点径 0.1~0.3 厘米。另一图像残迹似为动物，属种不辨，残宽 13、高 12.3 厘米。（图 3–139）

图 3-139　章囊岩画 8 号岩面（2014QZNy8）骑牛人图像

9.9 号岩面

编号 2014QZNy9，位于 6 号岩面上方约 2 米处。岩面呈横长方形，宽 0.8、高 0.35 米，与地面基本平行。

遗存不明属种的动物图像 1 个。图像宽 24.2、高 8.1 厘米。为敲琢法"剪影式"造型，琢点较小，点径 0.1~0.2 厘米。

10. 10 号岩面

编号 2014QZNy10，位于 1 号岩面右侧下方约 10 米处。岩面呈不规则形，与地面夹角大于 90°，朝向东南（131°）。

共遗存动物图像 5 个。可辨识者仅牦牛图像 1 个，牦牛朝向岩面右侧，图像宽 13、高 5.3 厘米。为敲琢法"剪影式"造型，琢点较深，点径 0.1~0.2 厘米。

11.11 号岩面

编号 2014QZNy11，位于 2 号岩面下方偏右约 4 米处。岩面呈不规则形，最大高 0.8、最大宽 0.66 米，与地面夹角大于 90°，朝向东南（143°）。

共遗存有敲琢法"剪影式"图像 4 个，因风化模糊难以辨识，图像最大长或最大宽皆在 10 厘米以下。琢点较深，点径 0.1~0.3 厘米。

四、樟玛岩画

樟玛岩画（编号 2014QZM）地处曲麻河乡驻地以西约 12 千米的樟玛沟，其北 4 千米处为 308 省道，地属曲麻河乡昂拉村二组。岩画遗存中心点坐标为北纬 34°85′30″、东经 94°87′28″，海拔 4479 米。樟玛沟近东西走向，岩画遗存于沟谷北侧的基岩前端，岩面比较破碎，因风化呈褐色，与谷底以缓坡相连，相对高差为 66 米，与谷底溪流的水平距离约 200 米，溪流在下游约 1 千米处与另一河流交汇，成为楚玛尔河的右岸支流。岩画遗存地的地表植被为高原草甸类型，为牧民的夏季草场，但附近无居民点。樟玛岩画分布在 3 个岩面上，编号 2014QZMy1~2014QZMy3，共遗存有各类图像 22 个。（图 3-140）

图 3-140 樟玛岩画遗存地点

1.1 号岩面

编号 2014QZMy1，岩面呈深褐色的不规则形，宽 1.3、高 0.98 米，与地面夹角略大于 90°，朝向东南（140°）。其前有一块与地面平行的基岩层理面，面积约 12 平方米。依岩面自然断裂情况分为上、下两组图像，分别编号 2014QZMy1 ①、2014QZMy1 ②，共有 8 个图像。

2014QZMy1 ①，共 7 个图像。为牦牛 4 头、人物 1 个，另有不明图像 2 个。4 头牦牛中 2 头居左，朝向相对，1 头牦牛身后有一立姿人物，似为牧人；另 2 头牦牛朝向画面右侧，靠上的 1 头牦牛因岩面断裂，被宽约 2 厘米的裂隙一分为二。居左 2 头牦牛之下和居右 2 头牦牛身后各有一不明意义的图像琢痕。牦牛图像宽 15.2~19.2、高 8~14 厘米，人物图像宽 5.5、高 10 厘米。所有图像均为敲琢法"剪影式"造型，琢点深且粗大，点径 0.1~0.5 厘米。（图 3-141 至图 3-143）

图 3-141　樟玛岩画 1 号岩面（2014QZMy1）

图 3-142　樟玛岩画 1 号岩面 1 组（2014QZMy1 ①）牦牛及牧人图像

2014QZMy1 ②，仅 1 个牦牛图像。朝向岩面左侧，图像宽 11.4、高 5.7 厘米。为敲琢法"剪影式"造型，琢点较小且浅亦较稀疏，点径 0.1 厘米左右。与上组图像相比，该图像制作技术似有不同。（图 3-144）

图 3-143　樟玛岩画 1 号岩面 1 组　　　　图 3-144　樟玛岩画 1 号岩面 2 组
（2014QZMy1 ①）牦牛图像　　　　　　　（2014QZMy1 ②）牦牛图像

2. 2 号岩面

编号 2014QZMy2，位于 1 号岩面谷底方向的坡下 60 余米处，海拔 4410 米，岩面相对平整但较破碎，呈黄褐色。依其断裂状态可分为上、下两个岩面，分别编号 2014QZMy2 ①、2014QZMy2 ②。

2014QZMy2 ①，岩面呈不规则形，最大宽 0.45 米，与地面夹角大于 90°，朝向东南（115°）。共 6 个图像，皆因风化而模糊难辨，但仍可见该组图像为敲琢法"剪影式"造型，琢点较小，点径 0.1~0.3 厘米，琢痕深浅不一。图像或图像痕迹的尺寸均较小，最大长不超过 11 厘米。（图 3-145）

2014QZMy2 ②，为岩面上崩塌落下的岩块，向上的一面较为平整，略呈弧形底边的三角形，左、右边分别长 0.5、0.4 米，底边长 0.7 米，石面朝向近正南（173°）。共遗存 6 个动物图像，可辨识者为羊、牦牛、犬（？）各 1。羊居于上端左侧，朝向右侧，图像宽 15、高 8.5厘米，为敲琢法"线描式"造型，点径 0.1~0.3 厘米。牦牛居于羊的右侧，朝向画面上方，图像宽 21.8、高 16.5 厘米，为敲琢法"剪影式"造型，琢痕密集且较深，点径 0.1~0.3 厘米。犬（？）居于石面右侧靠上的边缘处，头部朝向石面下方，短尾、长吻，作奔跑状，图像长 10.2、高 4.5 厘米，为敲琢法"线描式"造型，琢痕较深，点径 0.1~0.4 厘米。（图 3-146 至图 3-149）

图 3-145　樟玛岩画 2 号岩面 1 组（2014QZMy2 ①）　图 3-146　樟玛岩画 2 号岩面 2 组（2014QZMy2 ②）

图 3-147　樟玛岩画 2 号岩面 2 组　　　图 3-148　樟玛岩画 2 号岩面 2 组　　　图 3-149　樟玛岩画 2 号岩面 2 组
（2014QZMy2②）羊图像　　　　　　（2014QZMy2②）牦牛图像　　　　　（2014QZMy2②）犬图像

3. 3 号岩面

编号 2014QZMy3，位于 2 号岩面右侧后方约 7 米处，系从上部塌落的岩块，向上一面较平整，石面略呈斜长条形，长 0.4、宽 0.17 米，朝向正南。

遗存有朝向相同的牦牛图像 2 个，居上的一头牦牛图像宽 12、高 4.9 厘米，居下的一头牦牛图像宽 13.9、高 9.1 厘米。皆为敲琢法"线描式"造型，琢点较小但琢痕较深，点径 0.1~0.3 厘米。与 1、2 号岩面图像的不同之处是，3 号岩面不见"剪影式"的图像造型。（图 3-150）

图 3-150　樟玛岩画 3 号岩面（2014QZMy3）牦牛图像

五、巴干岩画

巴干岩画（编号 2014QBG）在 2014 年的调查中发现于曲麻莱县域东南部，现巴干乡行政驻地西南约 3.5 千米处的老巴干乡驻地附近，地处代曲河（通天河北侧二级支流，属布曲河左岸水系，亦写作德曲）右岸。岩画所在的山体基岩紧邻县级公路北侧，东南距代曲河河面约 20 米。岩画遗存中心点地理坐标为北纬 33°52′、东经 96°29′，海拔 4010 米。琢刻岩画图像的基岩节理面比较平整，经长期氧化呈深褐色，并因风化产生多条纵向裂隙，岩面与地面夹角 91°，朝向东南（140°），距现地表高 2.4 米。（图 3-151）

图 3-151　巴干岩画遗存地点

巴干岩画依图像集散情况分为左、右两组，分别编号 2014QBG ①、2014QBG ②，二者相距约 0.4 米。共计 12 个动物图像，均为敲琢法"线描式"造型，线条略显呆滞，琢点小且浅，有的图像琢点稀疏，制作水平不高，疑为后期仿制。两组图像皆被后期刻制的藏文祈愿经文打破。（图 3-152）

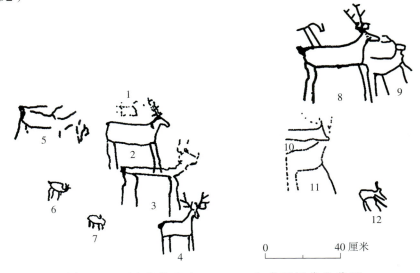

图 3-152　巴干岩画（2014QBG）岩面图像临摹图
（①组：1~7；②组：8~12）

2014QBG①，该组图像居岩面左侧，刻画范围宽 1.2、高 1 米。共有动物图像 7 个，左下部刻有现代藏文六字真言并打破个别岩画图像。7 个动物图像为公鹿 5 只、羊 2 只，皆朝向岩面右侧。图像宽 11~40、高 9~34 厘米。

2014QBG②，该组图像居岩面右侧，与左侧图像相距约 0.4 米，刻画范围宽 0.75、高 1.5 米。共有公鹿图像 5 个，均朝向画面右侧，制作方法及造型风格与左侧图像相同。公鹿图像尺寸大小不一，宽 17~41、高 14~50 厘米，个别图像有残缺。

六、章木岩画

章木岩画（又称章木山岩画，编号 2014QZMS）位于曲麻莱县巴干乡红旗二队章木山，地处通天河二级支流布曲河北岸，与布曲河河面水平相距 20 米，与现地表之高差约 6 米。岩画中心点地理坐标为北纬 33°48′、东经 96°28′，海拔 3966 米。岩画遗存于河流北岸谷坡底部的基岩节理面上，分布长度近 5 米，岩面较为平整，呈浅褐色。图像分布在 3 个岩面上，分别编号 2014QZMSy1、2014QZMSy2、2014QZMSy3，遗存各类图像共计 28 个。（图 3-153）

图 3-153　章木岩画遗存地点

1. 1 号岩面

编号 2014QZMSy1，位于右侧的斜向岩层节理面，呈浅褐色，基本平整，略呈斜长方形，宽 1.9、高 2.2 米。（图 3-154）

共有 14 个图像，因风化等自然原因，部分图像已模糊难辨，可辨者包括有牦牛、公鹿、骑马牧人等，人物及动物的行进方向皆朝向画面右侧，表现畜牧和狩猎活动。14 个图像中较

图 3-154　章木岩画 1 号岩面（2014QZMSy1）

大者最大长 20 厘米，小者最大长皆在 10 厘米以下。所有图像均为敲琢法"线描式"造型，个别图像在轮廓线之内又以密集的琢点填充，形成"剪影式"造型。（图 3-155 至图 3-161）

图 3-155　章木岩画 1 号岩面公鹿、牦牛图像（2014QZMSy1：1、2）

图 3-156　章木岩画 1 号岩面公鹿、牦牛图像（2014QZMSy1：3、4）

图 3-157　章木岩画 1 号岩面公鹿、牦牛图像（2014QZMSy1∶5、6）

图 3-158　章木岩画 1 号岩面公鹿、骑马牧人图像（2014QZMSy1∶7、8）

图 3-159　章木岩画 1 号岩面牦牛图像（2014QZMSy1∶9、10）

图 3-160　章木岩画 1 号岩面公鹿图像（2014QZMSy1∶11、12）

2. 2 号岩面

编号 2014QZMSy2，位于 1 号岩面左侧 3.5 米处。岩面呈倒三角形，基本平整，有水蚀痕迹，最大宽 0.55、高 0.5 米。

图 3-161　章木岩画 1 号岩面牦牛图像（2014QZMSy1：13、14）

遗存有朝向一致的动物图像 3 个，最大长度仅 5 厘米。最靠下的 1 个动物图像可辨识为公鹿，其余 2 个动物图像属种不明。均为敲琢法"线描式"造型。（图 3-162）

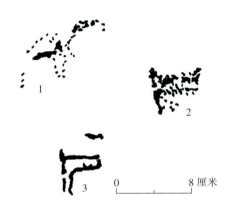

图 3-162　章木岩画 2 号岩面（2014QZMSy2）图像临摹图

3.3 号岩面

编号 2014QZMSy3，位于 2 号岩面左侧 1 米处。岩面呈不规则形，最宽 1.05、高 1.2 米，下半部已塌落。（图 3-163）

遗存有朝向一致（均向右侧）的图像 11 个，表现畜牧狩猎活动。可辨识图像有公鹿、牦牛、猫科动物（虎？）及骑马人物等。所有图像均为敲琢法制成，除上端一公鹿图像为"剪影式"造型外，余皆为"线描式"造型，也有少数图像在轮廓线内添加琢点充实。4、5 号图像之间有打破关系，在制作时间上有相对早晚区别。个别图像琢痕色泽较浅，疑为后期仿制，如 7 号骑马人物图像。（图 3-164）

七、叶西伦巴岩画

叶西伦巴岩画（编号 2014QYX）地属曲麻莱县巴干乡叶西伦巴村，地处代曲河左岸一级阶地后缘，东南距河面约 100 米。岩画遗存点小地名为扎科。岩画中心点地理坐标为北纬 33°97′90″、东经 96°53′46″，海拔 4206.4 米。（图 3-165）

遗存有图像的岩面为向斜山体的基岩节理面，呈深褐色，因风化显得破碎粗砺。琢制有

图 3-163 章木岩画 3 号岩面
（2014QZMSy3）

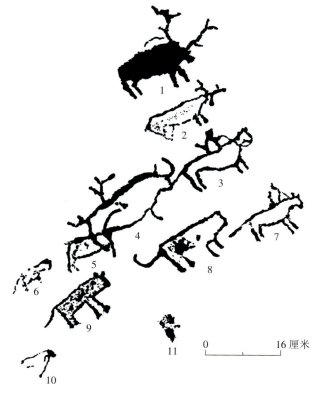

图 3-164 章木岩画 3 号岩面
（2014QZMSy3）图像临摹图

图 3-165 叶西伦巴岩画遗存地点

图像的岩面略呈长方形，岩面较为平整，长 1.35、宽 0.71 米．距地表高 0.65 米，下部已塌落。岩面与地面夹角略大于 90°，朝向东南（154°）。

图像皆为敲琢法制成，共有 10 个图像及图像残迹。可辨识者仅 4 个，其一为牦牛；其二似为人鹰合体的图像，双翅展开，尾呈三叉形；其三亦似为鹰（右侧有一"十"字符号）；其四亦为牦牛。（图 3-166 至图 3-169）

图 3-166　叶西伦巴岩画牦牛图像

图 3-167　叶西伦巴岩画鹰图像

图 3-168　叶西伦巴岩画鹰图像

图 3-169　叶西伦巴岩画牦牛图像

总体上看，该地点岩画因岩面粗砺，制作时有一定难度，故琢痕都较深，点径 0.1~0.4 厘米。图像较小，最宽 5~17、最高 6~20 厘米。造型风格显得比较粗放。

第四章　玉树市岩画

　　玉树市（原玉树县于 2013 年撤县设市）是玉树藏族自治州最东端的县级政区，其东部和东南部与四川甘孜州石渠县、西藏昌都地区江达县接壤，南与囊谦县为邻，西与杂多县毗连，西北与治多县联境，北和东北与曲麻莱县、称多县隔河相望。玉树市域南起北纬 33°44′44″，北至北纬 34°46′44″，西起东经 95°41′40″，东至东经 97°44′34″，东西最宽 189.5 千米，南北最长 194.3 千米，总面积 13462 平方千米。全市总人口为 10 万人，包括有藏族、汉族、回族等多个民族，其中藏族人口约占 93%。

　　玉树市境地形以高原山地为主，地势特点是从西向东倾斜，西北部和中部较高，东南部和东部较低，东北邻川西北高原，南接横断山脉北段，西接青藏高原主体。地貌以高山峡谷和山原盆地为主，间有众多的湖盆宽谷，境内海拔 5000 米以上的山峰有 951 座，最高峰海拔 5752 米，东部金沙江 ① 水面海拔 3350 米，全市平均海拔 4493.4 米。由唐古拉山余脉色吉嘎牙 – 格拉山构成的地形骨干，从东向西横贯市域南部，两侧的树枝形山地成为长江、澜沧江两大水系的分水岭。玉树市地处通天河中下游河段南岸，通天河南侧支流益曲、扎曲、巴曲等多条河流均源起或流经玉树市境，形成了多条纵横交错的高山河谷。玉树市气候寒冷，年温差小，日温差大，四季之分不明显，冷季较长，暖季仅 4~5 个月，年平均气温为 2.9℃，7 月平均气温为 12.5℃，年降水量为 487 毫米。全市现有耕地面积 50 平方千米，可利用草原面积 11630 平方千米，森林面积 290 平方千米，玉树市一直以来都是以牧为主、农牧结合的地区。

　　玉树市岩画发现较早，但遗存点不多。2012 年 6 月起，联合考古队在玉树市的田野调查中获得数条岩画遗存线索，2014 年 8 月主要对哈秀乡夏英章那（云塔）和仲达乡麦松等处岩画遗存进行了调查和记录。

一、夏英章那岩画

　　夏英章那岩画（编号 2014YXY）位于哈秀乡拉藏容曲、拉让科曲（通天河南侧益曲河的支流）两河交汇处，地处河流右岸山体底部，地属哈秀乡云塔村三组。琢刻有岩画的岩面紧

---

① 按照地理学称谓，长江通天河河段出青海玉树州后即称金沙江。

邻县级公路内侧，距河岸约 10 米，地理坐标为北纬 33°34′、东经 96°23′，海拔 4076 米。据调查，当地牧民因该处岩石刻有公鹿等动物图像，故称其为"夏英章那"，即藏语"鹿自显之岩"之意。（图 4-1）

图 4-1　夏英章那岩画遗存地点

遗存岩画图像的石崖为基岩断裂面，整个岩面（立面）略呈三角形，岩面经风化呈浅褐色，基本平整，宽 12.3 米，与地面夹角为 105°，朝向西南。岩面琢刻有图像的位置距地面最高处 3.5 米，最低处仅 1 米。岩面有宽窄不一的裂隙，其中有现今牧民置放的牛、羊等牲畜头骨，石崖前方有近代用石块砌筑的立方体状小型祭台，高约 1 米。岩画图像分布于相互邻近、大小不一的 3 个岩面上，编号 2014YXYy1~2014YXYy3，共计有可辨识的岩画图像 23 个，另有数个被后期所刻藏文六字真言及凌乱的刻线打破和损坏的图形，已难以辨识。

1. 1 号岩面

编号 2014YXYy1，位于石崖最左侧。岩面呈浅褐色，不规则形，朝向接近正西。仅遗存 1 个动物图像，为鹿或羊，短尾，四肢直立，头部及以上部分残损不辨。图像宽 13.6、高 13 厘米。为敲琢法"线描式"造型，琢点直径较大且稀疏。（图 4-2）

2. 2 号岩面

编号 2014YXYy2，位于石崖中部，1 号岩面右侧约 5 米处，略高于 1 号岩面。岩面呈三角形，与地面夹角略大于 90°，朝向西南。共有 19 个图像，是夏英章那岩画的主体部分，依图像组合情况可分为五组，编号 2014YXYy2 ① ~2014YXYy2 ⑤。

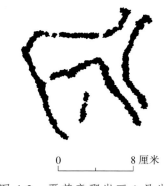

图 4-2　夏英章那岩画 1 号岩面
（2014YXYy1）图像临摹图

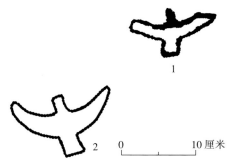

图 4-3　夏英章那岩画 2 号岩面 1 组
（2014YXYy2 ①）图像临摹图

2014YXYy2 ①，有 2 个图像，为左右相伴的 2 只呈正面展翅飞翔的鹰。左下一只稍大，宽 15 厘米，右上一只略小。均为敲琢法"线描式"造型，琢点较小且较密集，琢痕较浅。（图 4-3）

2014YXYy2 ②，该组图像被大量晚近刻画的图形或符号叠压、打破，画面略显杂乱。可辨识 6 个动物图像，包括公鹿 4 只和 2 个属种不辨的动物。所有动物朝向一致，即均朝向画面右侧。图像大小不一，最大的公鹿图像长 24、宽 22 厘米。均为敲琢法"线描式"造型，琢点较小且密集，琢痕较浅。（图 4-4）

2014YXYy2 ③，仅 1 个动物图像，为牦牛。牦牛朝向画面右侧，呈奔跑状，大尾上卷、拱背弯角的特征清楚，头部较为模糊。为敲琢法"剪影式"造型，琢点较小且杂乱，琢痕较浅且形状各异，似经后期加工。（图 4-5）

2014YXYy2 ④，共 5 个动物图像。位于上方的是一大两小 3 头牦牛，牛头朝向一致，即均朝向画面左侧，大者图像宽 10 厘米，小者宽 5 厘米，小牦牛一前一后与大牦牛相伴。均为敲琢法制作，但 3 个图像造型各不相同：较大的牦牛图像采用"线描式"琢出身形轮廓，然后在身躯轮廓内填充线条；两头较小的牦牛其一为敲琢法"剪影式"造型，另一为敲琢法"线描式"造型，但其琢点大小、深浅及色泽均一致，应为同一时间制作。画面中部为一公鹿，亦朝向画面左侧；图像宽 30、高 31 厘米，为敲琢法"线描式"造型，琢点较大且密集，琢线均宽 2 厘米。左下方有 1 个用磨刻法制作的动物图像，似为羊，根据刻痕推测应为后期加刻。（图 4-6）

2014YXYy2 ⑤，共 7 个动物图像。大致呈上下竖行排列，头向一致，即皆朝向画面右侧，依其体形、尾、角等特征辨认皆为牦牛。相对其他图像组而言，该组的单体图像尺寸较大，最大宽（长）均在 20 厘米以上。除一头牦牛采用磨刻法"线描式"造型外，余皆为敲琢法"线描式"造型，琢点密集，琢线宽窄不一，推测制作图像的时间亦有先后之分。（图 4-7）

3. 3 号岩面

编号 2014YXYy3，位于 2 号岩面右侧 3 米处。仅有 1 个牦牛图像，为敲琢法"剪影式"造型，琢痕浅且细长，应为晚近时期制作。

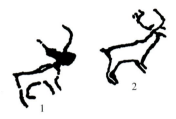

图 4-4　夏英章那岩画 2 号岩面 2 组（2014YXYy2 ②）图像临摹图

图 4-5　夏英章那岩画 2 号岩面 3 组（2014YXYy2 ③）牦牛图像

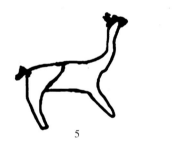

图 4-6　夏英章那岩画 2 号岩面 4 组（2014YXYy2 ④）图像临摹图

二、麦松岩画

　　麦松岩画（编号 2014YMS）位于仲达乡通天河南岸的麦松村东北侧，地处通天河河道与县级公路之间的河流一级阶地前缘，地理坐标约当北纬 33°18′、东经 96°59′，海拔 3615 米。岩画遗存于阶地前缘一座独立石丘的节理面上，石丘略呈东西向的长条形，被当地村民视为"神岩"，丘顶高出现地表 6~7 米，东西长约 30 米。出露的基岩比较破碎，因氧化呈灰褐色或浅褐色，朝向不一，多数琢刻有图像的岩面朝向南、南西，少数岩面朝向东、东南，与地面夹角多近于 90°。在相对平整的节理面上共有 13 个岩面遗存有图像，位于石丘东段的较多，位于西段的较少，中段分布有零星图像。13 个岩面分别编号 2014YMSy1~2014YMSy13，计有可辨识的图像 55 个。（图 4-8 至图 4-10）

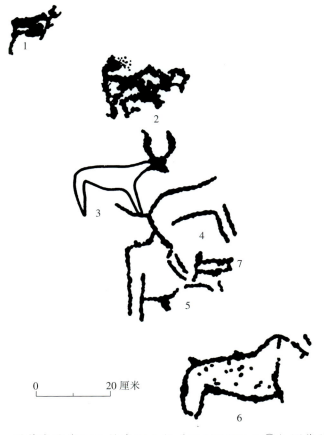

图 4-7　夏英章那岩画 2 号岩面 5 组（2014YXYy2 ⑤）图像临摹图

图 4-8　麦松岩画遗存地点

图 4-9　麦松岩画遗存地点东段岩面分布示意

图 4-10　麦松岩画遗存地点西段岩面分布示意

1.1 号岩面

编号 2014YMSy1，位于石丘东端较高处，距地面高 3.35 米。岩面呈不规则形，最大长 1.02、最大宽 0.6 米。（图 4-11）

共有 4 个动物图像，可辨识者仅有朝向画面左侧的 2 只公鹿，一上一下。皆为敲琢法"线描式"造型，其中居右上的公鹿体形稍大，身躯加饰有纹样线条，具有装饰性，图像长 12、高 10 厘米。其余不辨属种的动物图像皆为敲琢法"剪影式"造型，与公鹿图像琢痕的颜色亦有区别，可能表示两者在制作时间上有相对早晚之分。

2.2 号岩面

编号 2014YMSy2，位于 1 号岩面南侧 1.5 米稍低处，距现地面高约 2.5 米。岩面呈竖长方形，灰褐色，高 0.4、宽 0.3 米。

有一上一下 2 个动物图像，居上的动物图像因岩面残损已不全，似为公鹿；居下的图像为公鹿，头上枝角表现夸张，图像宽 11、高 17 厘米。皆为敲琢法制作，居上者为"线描式"造型，居下者为"剪影式"造型。（图 4-12）

图 4-11　麦松岩画 1 号岩面
（2014YMSy1）

图 4-12　麦松岩画 2 号岩面
（2014YMSy2）公鹿图像

3. 3 号岩面

编号 2014YMSy3，位于 2 号岩面左侧（西侧）约 2 米处，距地面高约 2.7 米。黑灰色岩面略呈横长方形，宽 0.76 米，两侧分别高 0.34、0.47 米。

遗存有动物图像 20 个，分布较为密集，朝向各有不同，相互间或有打破及叠压现象。制作方法虽皆为敲琢法，但造型亦有所不同，多数图像为"线描式"，少数图像为"剪影式"，画面显得比较杂乱。（图 4-13）图像的动物种类包括有牦牛、公鹿、羊或犬、飞鹰等，数量以牦牛、公鹿图像占多数。单体图像尺寸多不超过 10 厘米，最大者亦不超过 15 厘米。根据

图 4-13　麦松岩画 3 号岩面（2014YMSy3）

动物的朝向、造型风格及叠压打破关系分析，该组图像的制作有先后之分，应由多人多次加刻、仿刻而成。（图 4-14）

4.4 号岩面

编号 2014YMSy4，位于 3 号岩面西侧约 4 米处，距地面高 4.2 米。岩面呈不规则四边形，最大宽 0.92、最大高 0.88 米。岩面数条裂隙对图像有所破坏。

可辨识的 5 个图像皆为动物，均朝向右侧。其中岩面上部 3 个动物似为公鹿，头部多有残损；居中的是 1 头牦牛，其弯角、拱背、卷尾等形体特征清晰；牦牛下方为 1 只公鹿，其枝角部分有残缺。所有图像皆为敲琢法"线描式"造型，居画面下方的鹿身有两个圆圈与一条短直线相连组成的装饰纹样，类似的纹样或装饰手法在该处岩画图像中不只一例，似为玉树市域内岩画公鹿图像的主要特点。（图 4-15）

图 4-14　麦松岩画 3 号岩面（2014YMSy3）
部分图像临摹图

图 4-15　麦松岩画 4 号岩面
（2014YMSy4）

5.5 号岩面

编号 2014YMSy5，位于 4 号岩面前方（南侧）2 米处，为一从西北向东南倾斜的近水平的岩面，距地面高 3.2 米。因风化原因，岩面较破碎，呈黑灰色，近长方形。

遗存 4 个图像。其中居于中心的为 2 个动物，1 头牦牛朝向画面上方，身体有两条装饰线；1 只公鹿朝向画面左侧，枝角明显；居于最上方的图像似为一横向的立姿人物，双臂上举；画面右下方有 1 个疑为牦牛的动物图像，不可详辨。图像大小皆在 12 厘米以下。均采用敲琢法制作，琢痕较大且较深，其中公鹿图像为"剪影式"造型，其余图像则为"线描式"造型。（图 4-16）

6.6 号岩面

编号 2014YMSy6，位于石丘南侧中段，与其东侧的 5 号岩面相距约 7 米，距地表高 2.9 米。岩面略呈长方形，黑灰色。岩面因表层剥落和裂隙的原因，图像残损较甚，部分图像似

图 4-16 麦松岩画 5 号岩面（2014YMSy5）

未完成，仅存局部琢点或线段。

可辨认的图像仅 2 个，位于岩面右下方，为一骑牦牛人物和一牛前的立姿人物。骑牦牛者为"线描式"造型；牛前人物两腿分立，一手上扬似持物，为"剪影式"造型。图像大小均不超过 10 厘米。皆用敲琢法制作，琢痕较大且较深。（图 4-17）

图 4-17 麦松岩画 6 号岩面（2014YMSy6）

7. 7 号岩面

编号 2014YMSy7，位于石丘南侧西段，其东侧距中段的 6 号岩面 5.5 米，距地面高 1.9 米。岩面呈深褐色，基本平整，表层局部脱落且有裂隙。

遗存可辨识的动物图像 3 个，画面内容似为表现猫科动物对公鹿的攻击。居右侧的为一猫科动物（虎或豹？），长尾、立耳，头部朝向画面左侧；与之相对的是一只公鹿，短尾、长枝角；画面左下有另一公鹿，朝向画面左侧，作逃离状。3 个图像大小相近，最大长度均不超过 10 厘米。皆为敲琢法"剪影式"造型，琢点密集且琢痕较深。（图 4-18）

图 4-18　麦松岩画 7 号岩面（2014YMSy7）

8. 8 号岩面

编号 2014YMSy8，位于 7 号岩面西侧（左）上方，相距约 5 米，距地面高 3.9 米。岩面呈黄褐色，基本平整，为不规则形，高、宽皆 1 米左右，有平行裂隙若干。

遗存 2 个动物图像，为上下并列的 2 头牦牛。居下的牦牛相对清晰，居上者仅可辨识背部和尾部，似未完成。图像尺寸（横长）皆在 10 厘米左右。为敲琢法"线描式"造型，琢点稀疏且琢痕较浅。（图 4-19）

图 4-19　麦松岩画 8 号岩面（2014YMSy8）牦牛图像

9. 9 号岩面

编号 2014YMSy9，位于 8 号岩面南侧下方约 4 米处，距地面高 1.8 米。岩面呈黄褐色，基本平整，为不规则形，宽 2.2、高 0.95 米，与地面夹角小于 90°，朝向南偏西，有多条竖向或斜向的裂隙。岩面遗存可辨识的图像 6 个，依所处位置可分为三组。（图 4-20）

第 1 组图像位于岩面左侧，为 2 只大角山羊，一上一下，居下的一只图像有残缺。图像横长 21 厘米。为敲琢法"剪影式"造型，琢点稀疏且琢痕较浅。

第 2 组图像位于岩面右侧偏上，因风化原因图像已较模糊，仅可辨识为动物，属种不明。单体图像横长约 10 厘米。为敲琢法"剪影式"造型，琢点密集。

第 3 组图像位于岩面右侧偏下，为 2 只前后相随的羊，因风化图像稍显模糊。单体图像横长皆在 10 厘米左右。亦为敲琢法"剪影式"造型，琢点密集且琢痕较深。（图 4-21）

图 4-20　麦松岩画 9 号岩面（2014YMSy9）

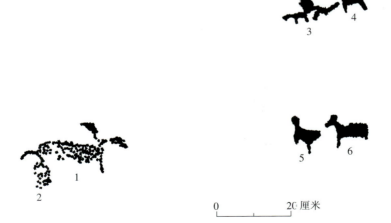

图 4-21　麦松岩画 9 号岩面（2014YMSy9）图像临摹图

10. 10 号岩面

编号 2014YMSy10，位于 9 号岩面左侧（西侧）4.8 米处，距地面高约 1.4 米。岩面呈平行四边形，基本平整，黄褐色，朝向近正南。

遗存牦牛图像 1 个。牦牛体形肥短，朝向岩面右侧，卷尾、弯角特征清晰，头部及前肢有残缺。图像横长 10 厘米。为敲琢法"剪影式"造型，琢点密集且琢痕较深。从岩面剥落情况看，该牦牛图像前后可能曾有其他图像。（图 4-22）

11. 11 号岩面

编号 2014YMSy11，位于石丘东段的 5 号岩面前方（南侧）约 1 米处，距地面高 3 米。岩面呈不规则形，局部被地衣和草皮覆盖。

图 4-22　麦松岩画 10 号岩面（2014YMSy10）牦牛图像

经清理发现 4 个图像。位于岩面靠上部位为 2 头牦牛，皆朝向岩面右侧，其拱背、弯角、卷尾上扬等形态特征基本清晰，单体图像横长 11 厘米；其下为一同样朝向的动物，据其长尾下拖的特征，推测应为猫科动物（虎或豹）；猫科动物前方（岩面右下）还有一性质不明的图形。可辨识的 3 个动物图像皆为敲琢法"线描式"造型，琢点密集且琢痕较深。（图 4-23）

图 4-23　麦松岩画 11 号岩面（2014YMSy11）

12. 12 号岩面

编号 2014YMSy12，位于石丘最东端，西距 2 号岩面约 5 米，距地面高 0.7 米。岩面呈不规则形，黄褐色，十分破碎且裂隙纵横，岩面多处覆盖有各色地衣。（图 4-24）

遗存 3 个图像。居左上的图像为一岩羊，短尾，大弯角，身体被白色地衣覆盖，图像横长 12 厘米，为敲琢法"剪影式"造型，琢点密集且琢痕较深。（图 4-25）居右上的图像为一立姿人物，身着宽袍，左手持一圆形物（鼓？），足部被地衣覆盖，图像高 10 厘米，为敲琢

图 4-24　麦松岩画 12 号岩面（2014YMSy12）

法"线描式"造型。岩面右下还有一不明性质的图像，高 10 厘米，亦为敲琢法"线描式"造型。

13. 13 号岩面

编号 2014YMSy13，位于石丘东段的 3 号岩面左侧下方（南侧），距地面高 2.3 米。岩面呈灰褐色。

仅 1 个图像，为 2 个图像的合成品。先期图像为敲琢法制作的"剪影式"造型，似为一立姿人物，琢点较大，琢痕呈圆形；后期在该图像上用金属工具刻线造型，成为一"酥油灯"图形。该图像无论是先期制作的"人形"，还是后期改刻的"酥油灯"，均与该处岩画其他图像的风格相去甚远，应是晚近作品。（图 4-26）

图 4-25　麦松岩画 12 号岩面
（2014YMSy12）岩羊图像

图 4-26　麦松岩画 13 号岩面
（2014YMSy13）人形或灯图像

第五章　称多县岩画

称多县位于玉树州东北部，地处通天河中段北侧，县域北、西与曲麻莱县接壤，东南与四川甘孜州石渠县毗邻，西南与玉树市隔河相望。县域东西宽约 160、南北长约 209 千米，政区面积为 1.53 万平方千米。人口 6.3 万人（2013 年），其中藏族人口约占 98%。

称多县地形高亢，平均海拔 4500 米，总地势由西北向东南倾斜，构成黄河、长江两大水系的分水岭。日吉山、董切山等北部高山是黄河河源水系洛曲（多曲）、贝敏曲、拉浪情曲、卡日曲等河流的发源地，这些大小河流从县东北隅出境后在扎陵湖、鄂陵湖之间注入黄河，黄河在称多县境内河段长 128.9 千米，有大小支流 29 条。县境中部、南部河流则属长江（通天河）水系，通天河在称多县境内河段长 121.5 千米，其中 91 千米为称多县与玉树市的界河。发源于加陇查曲的代曲（德曲）、细曲等 42 条大小河流在称多县境内由北向南注入通天河干流。

称多县境内众多山脉与深切河谷之间是起伏不平的山间盆地或平缓滩地，构成了寒温带大陆性季风气候，表现为日温差大，年冬季长，年平均气温低（-1.6℃）。传统上称多县一直以牧业为主，耕地面积为 45 万亩（2013 年），除绵羊、牦牛、山羊、马、驴等牧业畜种之外，野生动物主要有马鹿、白唇鹿、黑颈鹤、雪鸡、岩羊等高原属种。

称多县是青南高原最早发现岩画的地区，20 世纪 90 年代初即有对扎朵镇赛康岩画的报道[1]，2012 年 6 月联合考古队先遣组再次调查了该处岩画。2014 年 8 月间，联合考古队根据前期线索，对尕朵乡境内的木秀、卡龙两处岩画遗存进行了调查记录，同时对赛康岩画再次做了详细调查。其后称多县不断有岩画遗存发现，至 2018 年 5 月，称文镇白龙村克瓦、布如两地又发现了多处岩画遗存[2]，不仅增加了青南岩画的新材料，更引起社会各界对称多县岩画研究与保护的关注。本报告仅记述联合考古队截至 2014 年调查记录的木秀、卡龙和赛康三处岩画。

一、木秀岩画

木秀岩画（亦称"木苏岩画"，编号 2014CMX），位于尕朵乡卓木齐村的木秀沟西北缘

---

[1] 原青海省文物考古研究所副所长汤惠生 1992 年曾在《群文天地》（青海省文化厅创办刊物）专文介绍过此处岩画；1996 年中国地图出版社出版、国家文物局主编的《中国文物地图集·青海分册》亦有专门词条记述，该地点标注在第 24~25 页"青海省岩画图"中，是青南高原岩画中最早刊布的遗存地点。

[2] 据新华社李亚光《长江源区通天河流域发现大批古岩画　最早距今约 2000 年》报道称："2018 年 5 月初，白龙村群众在该村科哇、布日两地发现 143 个古岩画群，最早距今约 2000 年。"（新华网，发布时间：2018-5-31）。另承蒙称多县文联主席仁青尼玛 2019 年见告。

（右岸），与木秀沟谷底溪流（细曲河支流）相距仅 10 米，距溪流与细曲河交汇口约 3 千米。岩画中心点地理坐标为北纬 33°35′、东经 96°42′，海拔 3910 米。岩画发现于公路内侧山体基岩节理面上，岩面上最高的图像距公路路面高 5.4 米。共遗存有各类图像 82 个，分布在 5 个相互邻近的岩面上，编号 2014CMXy1~2014CMXy5。图像大多保存完好，少数图像因岩面表层塌落及地衣覆盖不可辨识或残损不全。（图 5-1）

图 5-1　木秀岩画遗存地点

1. 1 号岩面

编号 2014CMXy1，位于上部左侧。岩面呈不规则形，浅褐色，基本平整，最高 1.3、最宽 1 米，与地面夹角 95°，朝向西南（191°）。遗存有图像 40 个，大多数为动物。除受自然原因或人为破坏造成的岩面局部残损外，岩面上图像分布密集，图像之外还遗留有若干琢刻印痕，画面略显杂乱。个别图像之间有叠压或打破现象，故推测制作时间应有相对早晚之分。根据图像风格的差异，将 40 个图像分为两组，分别编号 2014CMXy1 ①、2014CMXy1 ②。（图 5-2、图 5-3）

2014CMXy1 ①，共 17 个图像，个体序号为 5、6、15、21~30、35~38，可辨识者为牦牛 7 头、公鹿 6 只、马 1 匹、骑马人物及立姿人物各 1 个、羊 1 只。该组图像有被第 2 组图像打破者，故推断其制作时间应早于第 2 组。与第 2 组图像相同的是，两组图像皆为敲琢法“线描式”造型，但明显不同之处在于：该组图像线条比较细腻、流畅，公鹿的枝角装饰性较强，鹿身多用横“S”形纹或涡漩纹装饰，显得轻盈矫健。画面中公鹿与野牦牛、骑猎者相呼应，意在表现狩猎活动。

2014CMXy1 ②，共 23 个图像，少数图像因重叠打破现象较难辨识，可辨识确认的有牦

图 5-2　木秀岩画 1 号岩面（2014CMXy1）图像临摹图

（y1 ①组：5、6、15、21~30、35~38；y1 ②组：1~4、7~14、16~20、31~34、39、40）

牛 6 头、公鹿 9 只、马 1 匹。该组图像所表现的内容与第 1 组基本一致，图像尺寸相近，造型方法相同，即皆为敲琢法"线描式"造型，但明显不同之处在于：图像线条比较粗犷、僵硬，琢点大且深，装饰鹿身的横"S"形纹或涡漩纹较简略。该组有多个图像叠压打破第 1 组图像，故推断第 2 组图像相对晚于第 1 组图像。

2. 2 号岩面

编号 2014CMXy2，位于 1 号岩面上方 1 米处。岩面略小，为同一岩面的裂块，呈不规则形，岩面与地面的夹角和朝向皆与 1 号岩面相近。共遗存图像 27 个，可分为上、下两组，编号 2014CMXy2 ①、2014CMXy2 ②。

2014CMXy2 ①，位于岩面上部。共有 2 个图像，皆为敲琢法"线描式"造型。其一似为头向上方、双翅展开的鹰，左下为朝向左上方的牦牛。两个图像均较小，最大长度分别为 4.5 厘米和 6 厘米。（图 5-4）

2014CMXy2 ②，位于岩面下部。共计 25 个动物图像。与 1 号岩面相似，该组图像至少经过两次制作。第一次制作的图像线条较细而流畅，均为敲琢法"线描式"造型，图像种类以公鹿为多，有被其后制作的图像打破的现象。第二次制作的图像亦采用敲琢法，但有"剪影式"（牦牛）造型和"线描式"（公鹿）造型两种，琢击点密集且琢痕较深，或线条较粗且生硬，部分图像打破第一次制作的图像，反映了在同一岩面多次加刻相同、相似图像的岩画形成过程。（图5-5、图5-6）

3. 3 号岩面

编号 2014CMXy3，位于 1 号岩面右侧稍高处。岩面呈不规则形，岩面地面夹角、朝向与 1 号岩面相同。

共有 8 个动物图像，为 5 只公鹿和 3 只犬。5 只公鹿皆朝向岩面右侧，4 只并排在前，1 只单独在后，均作奔跑状，图像最大长皆在 20 厘米左右，鹿身加有装饰线条；3 只犬（应为猎犬）紧随公鹿作追逐状，与公鹿排列相对应，2 只猎犬在前，1 只猎犬在后，猎犬图像最大长度近 10 厘米。该组图像皆为敲琢法"线描式"造型，琢点密集且琢痕较深，画面内容表现的是在猎犬的辅助下追猎公鹿的捕猎活动。（图 5-7）

图 5-3　木秀岩画 1 号岩面
（2014CMXy1）局部

图 5-4　木秀岩画 2 号岩面 1 组
（2014CMXy2 ①）

图 5-5　木秀岩画 2 号岩面 2 组
（2014CMXy2 ②）局部

图 5-6　木秀岩画 2 号岩面 2 组（2014CMXy2②）图像临摹图

图 5-7　木秀岩画 3 号岩面（2014CMXy3）

4.4 号岩面

编号 2014CMXy4，位于 1 号岩面右侧（东南侧）下方约 4 米处，距地面高约 2 米。岩面朝向东南，呈褐色，多处有地衣覆盖。（图 5-8）

遗存动物图像 3 个。位于岩面右上方的为朝向岩面左侧的一只公鹿，其下方是朝向右上方的另一只公鹿，该图像又打破了其左侧朝向相同的牦牛图像。3 个图像均为敲琢法"线描式"造型，琢点印痕较浅。岩面左上方依稀可见用双线勾勒的刻画图像，因被地衣覆盖难以辨识，从刻画工具印痕及线条特征看，应为晚近制作。（图 5-9）

图 5-8　木秀岩画 4 号岩面
（2014CMXy4）

图 5-9　木秀岩画 4 号岩面
（2014CMXy4）图像临摹图

5.5 号岩面

编号 2014CMXy5，位于 2 号岩面左侧（西侧）约 2 米处。岩面比较破碎，不规则形，呈灰褐色。（图 5-10）

计有动物图像 4 个。1、3 号图像似为公鹿，2、4 号图像为牦牛，均朝向岩面左侧。图像尺寸较小，最大长均在 10 厘米左右。均采用敲琢法制作，2 只公鹿为"线描式"造型，2 头牦牛则为"剪影式"造型，因岩面破碎以致图像有残缺。（图 5-11、图 5-12）

图 5-10　木秀岩画 5 号岩面
（2014CMXy5）

图 5-11　木秀岩画 5 号岩面
牦牛图像（2014CMXy5：2、4）

图 5-12　木秀岩画 5 号岩面公鹿图像（2014CMXy5：1、3）

二、卡龙岩画

卡龙岩画（编号 2014CKL）位于尕朵乡行政驻地以东约 3 千米处，东距称多县驻地称文镇 151 千米，行政区划属尕朵乡卡龙村。岩画遗存点地处通天河北侧支流卡曲河右岸的谷坡底部，距卡曲河河面约 120 米，距县级公路约 10 米（内侧）。岩画中心点地理坐标为北纬 33°39′、东经 96°44′，海拔 4027 米。岩画遗存于谷坡山脚的基岩节理面上，据现场调查，因修建公路及采石等对岩面有所破坏，原有的岩画图像已所剩无几，仅有两个岩面遗存有 5 个图像，分别编号 2014CKLy1、2014CKLy2。（图 5-13）

图 5-13　卡龙岩画遗存地点

1. 1 号岩画

编号 2014CKLy1，距地面高约 8 米。岩面略呈三角形，较为平整，灰褐色，最高 1.33、最宽 0.85 米，与地面夹角大于 90°，岩面朝向东南（147°）。

仅有 1 个牦牛图像。牦牛朝向岩面左侧，头上弯角用双线勾画，头部较圆且眼球夸张，造型风格与称多县多处岩画的牦牛图像风格不一致，疑为后期仿制。图像长 13、高 8 厘米。为敲琢法"线描式"造型，琢点较小且密集，琢痕较深。（图 5-14）

2. 2 号岩面

编号 2014CKLy2，位于 1 号岩面左侧（东南）5 米处，位置相对较低，距地面高近 6 米。岩面略呈竖长方形，灰褐色，较为平整，宽 0.46、高 0.6 米，一条竖向裂隙将岩面数个图像分为左、右两部分，部分图像有残损。

图 5-14　卡龙岩画 1 号岩面
（2014CKLy1）牦牛图像

图 5-15　卡龙岩画 2 号岩面
（2014CKLy2）牦牛图像

可辨识者为 4 头牦牛。皆朝向岩面右侧，均为敲琢法"线描式"造型，琢痕较浅且较模糊。裂隙右侧一上一下的 2 头牦牛相对清晰，头上的一对弯角被描画成近圆圈形。裂隙左侧亦有 2 头牦牛，居上的一头因左侧岩面表层脱落，仅存一对弯角，头部位于裂隙右侧，身体已不存；居下的一头牦牛仅存头上一对弯角，其身体部分亦因岩面破碎而不存。（图 5-15）

三、赛康岩画

赛康岩画（编号 2014CSK）位于扎朵镇以西 9 千米处的县级公路内侧，距称多县行政驻地称文镇 63 千米，地处细曲河右岸河谷谷底，距河岸仅 10 米（其间为公路路面）。岩画遗存点地理坐标为北纬 33°44′22″、东经 96°40′28″，海拔 4019 米。（图 5-16）

图 5-16　赛康岩画遗存地点

赛康岩画岩体为河谷谷底的基岩节理面，岩面高 3、宽 1.3 米，基本平整，但有数条交错的裂隙，对图像有一定程度的破坏。岩面因风化呈灰褐色，与地面夹角略大于 90°，岩面朝向东南（141°），最下部图像与公路路面高差仅 0.8 米。

现存动物图像 19 个，有公鹿图像 10 个、牦牛图像 5 个、羊图像 2 个、不可辨识种类的图像 2 个。绝大多数图像皆为敲琢法"线描式"造型，仅岩面左上角一个动物图像为敲琢法"剪影式"造型。"线描式"造型的琢点细密且较浅，构成的线条亦显流畅、生动，相对整个通天河流域岩画图像尺寸而言，赛康岩画图像较大，其中最大的公鹿（10 号）图像高近 50 厘米。（图 5-17、图 5-18）

赛康岩画是青南高原最早发现并公布的岩画遗存，其图像表现了早期高原先民的动物崇拜意识。根据对各图像分布位置及造型风格等特点分析，该处岩画应经过先后不同时间的多次或多人琢制。最早的图像应处于"优先位置"的画面正中，以 4 只公鹿为代表（9、10、

图 5-17　赛康岩画（2014CSK）图像临摹图

11、15 号图像），其中 10、11 号图像尺寸最大，11 号图像鹿身后半部因岩面裂隙已残损不存，但这 2 只公鹿的造型最具代表性，特点亦十分明晰：一是鹿头枝角的刻画比较夸张也最具装饰性，主枝之上的分枝多达 10 个或以上；二是鹿身所用涡漩形装饰（或称"S"形纹）是直接以两个近圆形的涡漩勾画出躯体，表现了公鹿跃跑状态下的"细腰"特征；三是鹿头突出了吻部的长度，使整个鹿头显得窄而长；四是前后腿呈略为弯曲的姿势，突出了奔跑中的腿部特征，这些造型特征明显具有所谓"斯基泰动物风格"，即接近中亚和北方草原岩画中鹿的造型。（图 5-19）9、15 号公鹿图像尺寸虽较小，但其造型特征与 10、11 号公鹿基本一致，而这 4 只公鹿图像正好处于岩面正中部位，推测它们应是该处最早刻制的图像。这 4 只公鹿周围的其他动物图像虽然在朝向上与之一致（皆朝向画面左侧），且未见相互之间的打破或叠压关系，但所处位置居于次要的岩面边缘，并且可观察到这些公鹿图像在枝角、涡漩纹饰、头部形态、腿部姿势等方面皆与前者有所差异，如居于岩面下部的两只公鹿（16、19 号图像），鹿身所饰涡漩纹是在躯体完成之后添加的，并无前者鹿身的"细腰"等特征。（图 5-20）

图 5-19　赛康岩画公鹿图像
（2014CSK：10、11）

图 5-18　赛康岩画岩面（2014CSK）局部

图 5-20　赛康岩画公鹿图像
（2014CSK：19）

　　整体观察赛康岩画的 19 个动物图像，无论大小或属种，皆为同样的朝向（朝左）且未发生叠压或打破现象，可能反映了后期图像制作的目的是对先期图像的仿刻和添加，即有着追求与前者"相同"的用意。

第六章　通天河流域岩画的初步研究

一、通天河流域岩画的地域性

田野调查发现的古代遗存，相对于古人曾经建造、制作、加工和使用过的全部物质产品，只是其中的一部分（甚至是极少部分），因此任何一门学科对古代遗存的认知和解释都是有局限的，考古学于岩画亦是如此。本报告记述的 2012~2014 年经田野考古调查的 19 处岩画遗存，就其数量及内容来说，在通天河流域岩画发现史上是空前的，但其后至今，通天河流域岩画不断有新的发现和刊布，岩画的数量和分布地域都有增扩[①]，有关岩画的认知也在扩展，因此以田野调查的资料来描述通天河流域岩画的全貌，仍是一项有待时日的工作。尽管如此，对通天河流域岩画的认知必然要从已有的材料入手，由此及彼、由浅入深地去观察和探究它的文化含义与历史特征。

（一）岩画的地理特征

岩画属于"不可移动文化遗存"，这体现了岩画在历史研究中的史料特征，表明了岩画和其他地上、地下不可移动遗存一样，与历史文献和各类古代器物等"可移动"史料是有区别的。岩画作为承载和记录了古代人们行为及意识的物化遗存，它的地理区位、自然环境等特征都是固定且不可移动的，这是观察分析岩画的一个基础。

本报告记述的 19 处岩画遗存从其地理坐标读数来看，处于北纬 33°44′（治多县普卡贡玛岩画）到 34°89′（曲麻莱县章囊岩画）之间，东经 94°77′（曲麻莱县昂拉岩画）到 96°70′（治多县岗龙俄玛岩画）之间。在这个近 2.8 万平方千米的二维空间内，19 处岩画在整体上是呈东西长、南北短的"带状"分布。这个"带状分布区"的纵轴，则是唐古拉山东脉（色吉嘎牙—格拉山）与巴颜喀拉山两大东西走向山系之间的汇水区，即汇集长江（通天河）北、南两侧支流水源的青南高山岭谷地理区。19 处岩画遗存所处海拔高程则在整体上表现出西北高、东南低的地势趋向，也与通天河干流河床的纵降坡度（流向）成正相关，因此称这个带状分布区为"通天河流域岩画"也正是体现了其自然地理的水系特征。从本

---

① 尼玛江才：《玉树岩画·通天河卷》，青海人民出版社，2016 年；拉日·甲央尼玛：《玉树岩画考察》，四川民族出版社，2018 年。

报告 19 处岩画所处地理特征看，亦可称之为"顺水而作"，其中 9 处岩画分布在通天河南岸或南侧支流的登额曲、益曲及其支流的河流沿岸；10 处岩画地处通天河北岸的楚玛尔河、细曲、代曲、布曲、卡曲等河流沿岸。19 处岩画遗存中有 15 处岩画与河流或溪流的水面距离只有几米或数十米之间，仅 4 处岩画与水面距离在 100 米以上。此外，19 处岩画遗存有图像的岩面与现地表的高差皆很小，大多数在 1~3 米之间，其中有相当多岩面下部的图像接近现地表，甚至被现地表积土掩埋（调查中需要做适当清理方可拍照记录），仅少数图像遗存在高 6 米以上的岩体上。

简而言之，青南高原岩画的地理特征之一，就是在总体上与河流水系的流向与分布呈强相关。本报告 19 处岩画遗存皆属长江（通天河）水系地理区，既在二维空间范围上表现为东西向的"带状分布"，同时又在三维空间上表现为西北高、东南低的地形趋势。在小地理环境上，岩画主要分布在与河流流向基本平行的河谷两侧，遗存有岩画的岩面都紧临水源且接近现地面，表明古人制作岩画的行为都发生在当时日常活动的既定范围内，部分岩画制作时的操作地面要略低于现今地表，显示这些地区河流切割作用十分有限。

近年来（2014 年至今）通天河流域岩画的新发现和新线索表明，通天河水系之外的青海果洛州、玉树州杂多县和四川石渠县等地亦有岩画分布，在水系地理上它们分属于黄河、雅砻江、澜沧江等其他水系。因此，在区域上通天河流域岩画的分布范围将突破目前已知的地理范围，但其"顺水而作"的地理特征仍具有一定的规律性。

（二）岩画的区系特征

本报告记述的 19 处岩画遗存平均海拔 4109 米，这个高度接近青南高原的平均海拔 4200 米，其中 16 处岩画地处海拔 4000 米以上，最高为海拔 4479 米（曲麻莱县樟玛岩画）；3 处岩画位于海拔 4000 米以下（曲麻莱县章木、称多县木秀 2 处岩画海拔 3900 多米，玉树市麦松岩画海拔 3615 米），显示出通天河流域岩画的另一个地理特征，即它们属于青藏高原的"高海拔岩画"。对比此前发表的青海省境内的岩画资料，可知已刊布的 30 余处青海岩画遗存绝大多数分布在以青海湖为中心的海西、海北、海南等州境内[①]，其海拔高度多在 3500 米以下（仅海西州野牛沟、野马滩两地点的海拔为 3900 米），说明在青藏高原这个大地理单元中，青海岩画的分布不仅有地域的差异，同时海拔高度的差异也很明显。不同的海拔高度必然代表着气候环境的差异，同时也暗示了古代人群因适应地理环境而形成的生业样态与人口聚散模式的区别，即岩画遗存的海拔高度与古代文化的生业传统呈强相关。

在自然地理上，青南高原与藏北羌塘高原、藏西阿里高原在纬度、海拔高度上都很接近（均在北纬 32°~36° 之间，平均海拔 4200 米以上），它们构成了中国地势第一阶梯的核心部分，亦可称之为广义的"藏北高原"。在青藏高原的隆升过程中，这个"极高区"是整个高原最早脱海成陆的地区，受地质构造的影响，该地理区北部的昆仑山、巴颜喀拉山和南部的冈底斯

---

① 已刊布的青海岩画遗存点的统计，主要参考：汤惠生、张文华：《青海岩画——史前艺术中二元对立思维及其观念的研究》（科学出版社，2001 年）；国家文物局主编：《中国文物地图集·青海分册》（中国地图出版社，1996 年）；王敬斋主编：《岩石上的历史画卷——青海海西岩画》（中国民族摄影艺术出版社，2012 年）等著录。

山、念青唐古拉山等均呈东西向展布，总地势亦是西北高、东南低，其东、西两端各大山系的汇水区决定了长江、黄河、澜沧江和印度河（狮泉河）、雅鲁藏布江等高原各大水系河源段干流的流向，而以大江大河为引导的通道，则使青藏高原的东、西两端成为古往今来高原与周邻文化交互作用的重要接触地带。

上述青南高原的自然地理区系特征，使我们可以将通天河流域与整个青藏高原北半部的高海拔区视为同质地理单元。在岩画的区系观察分析中，通天河流域岩画与其他地区岩画之间的关系，必然会因地理区系的差异折射出文化区系的某些特征，因此，面对岩画中"畜牧""狩猎""游牧"这些在各地区岩画中经常出现的文化概念时，首先应对通天河流域与岩画遗存相关的先期文化、共时文化及其遗存有所了解。

考古研究表明，在数万年前的晚更新世后段（旧石器时代晚期），青藏高原的极高区已有确切的人类生存记录。迄今为止发现于青藏高原的二十余处旧石器遗存皆分布于海拔在4100米以上的高海拔地区，其中最具代表意义的当为最近公布的藏北高原色林错南岸的尼阿底（Nwya Devu）旧石器遗址。尼阿底遗址海拔4600米，测年数据显示遗址的年代为距今4万~3万年[1]。该遗址年代的确认，至少提供了两个重要信息：一是高原人群的高海拔环境生存史不会晚于距今3万年，二是高原人群的自然环境适应性（耐低温、耐低氧能力）当是经历了漫长的时期才成为特有的体质特征。进入全新世（距今1万年以来）之后，高海拔环境区史前人群的持续性活动仍有相关考古材料的证据。根据通天河流域的考古记录，海拔4200米左右的通天河及其支流汇口处的登额曲下游，发现有距今约8000~7000年的史前人群居住及制作石器工具的遗址[2]，体现了高海拔环境下人类居住史的连续性。根据考古学研究，在距今6000~5000年，来自黄河流域的史前粟作农业人群与青藏高原东部人群有了更多的接触，从黄河上游到澜沧江上游正是通过青南高原东南河谷地区，世居高原的史前人群从此发展出以粟类作物（粟、黍）为标志的高原史前农业[3]。及至青藏高原新石器时代末期的距今3500年左右，高原粟作农业逐渐由麦作（青稞）农业取代。与此同时，在高海拔地区则出现了与地理环境相适应的畜牧人群及其文化，与之对应的是青藏高原考古发现的金属器、细石器、石丘墓/石棺墓、石构遗迹以及具有北方草原"动物风格"的岩画等各类遗存。至此，青藏高原的史前期进入一个所谓的"早期金属时代"[4]，游牧生业及其文化在这一时期迅速发展起来，成为高原史前期具有区域意义和高原特征的重要文化类型。

本报告记述的19处岩画多遗存于高海拔环境区，植被稀少，寒冷气候期长，可耕土地稀缺，历史上一直是高原纯牧业经济生态区。发现有岩画的多条河流沟谷的两侧，同时还遗存有古代墓葬和其他古文化遗迹，例如在海拔4100米以上的登额曲等河流两岸，发现有十余处

[1] ZHANG, X L, Ha, B B, Wang, S J, et al., The Earliest Human Occupation of the High-altitude Tibetan Plateau 40 Thousand to 30 Thousand Years Ago, Science 30 Nov 2018：Vol.362，Issue 6418，pp.1049-1051.

[2] 青海省文物考古研究所、四川大学考古学系、四川大学中国藏学研究所、成都博物院考古研究所：《青海省治多县参雄尕朔遗址的调查与发掘》，《中国文物报》2014年2月14日第8版。

[3] LI Yongxian, Influences from Neolithic Cultures of the Upper Yellow River Valley as Reflected in the Assemblage of Karuo, The Indo-Pacific Prehistory Association（IPPA）Congress，Angkor，Cambodia，12-18 January 2014.

[4] "早期金属时代"最早见于四川大学童恩正教授有关古代西藏的论述，他认为"这一时代可能开始于公元前1000年，而结束于6世纪，即吐蕃王朝兴起之前"。参见童恩正：《西藏考古综述》，《文物》1985年第9期。

细石器遗址和大量石丘墓地、石棺墓地等早期文化遗存。因此，岩画并不是该区域某种文化的"唯一标志"，它们与其他地上、地下的同时期遗存共同代表着世居通天河流域各条河谷的史前人群。

二、通天河流域岩画的内容分析

岩画内容是由各类图像及图像组合形式构成的，即自然岩面上人工制作（琢刻或涂绘）的图像及其组合所表现的具有场景、情节、喻义、象征等画面形式的事物。对岩画内容的理解，首先是基于对单体图像性状的辨识和确定，其次是基于对图像组合关系的分析辨识，三是基于对同一岩面所有图像之间相互关系（早晚先后）的辨识，四是基于对岩体可能赋予图像某些意蕴的物理属性的观察，如岩面形状、位置、朝向、倾角等。

（一）岩画的图像分类

本报告记述的 19 处岩画遗存点，共在 142 个岩面上遗存有单体图像或图像痕迹计 1250 个，根据现场辨识，可以确认或基本确认性状的图像约 1000 个，因自然或人为原因（崩塌脱落、风化漫漶、自然物覆盖、破坏/叠加等）受损不能辨识确认的单体图像或痕迹近 200 个。可确认性状的图像中，有各种动物图像 742 个（不含作为骑乘工具或车辆挽畜的动物），人物或人形图像 112 个，建筑及其他人工设施（塔、塔形物、帐篷、捕猎陷坑、畜圈、围栏、祭台类）图像 40 余个，日、月等符号类图形 20 余个，车辆等器具物件类图像 10 余个。

动物类图像在可辨识的约 1000 个图像中占绝大多数，以单体图像的数量排序分类，742 个动物图像中计有牦牛（434 个）、公鹿（165 个）、鹰（64 个）、羊属（32 个，不分种）、犬（20 个）、猫科动物（虎或豹，16 个）、马（8 个，不含作为骑乘工具的复合图像）、骆驼（3 个）等 8 类。很明显，单体图像数量居于第一、第二位的是牦牛和公鹿，这在一定程度上反映了岩画制作者所处的动物环境（野生动物与驯养动物）特征，即自然生态下的动物群特征和生产业态下的动物特征。同时，牦牛和公鹿居于动物分类图像数量之首、之次，还体现了岩画制作者对动物种类意蕴的强调，即用图形记录和表现的主要动物，是与人们生存需求和精神需求关系最为密切的。从逻辑上讲，在岩画制作者的生存空间与视线范围之内，各种动物的种类应远远超过岩画图像所表现的种类，但岩画中出现的动物，则是岩画制作人群基于生活经验与内心想象对动物界的一种"选择性表现"，因而具有某种"超越自然"的性质。

根据对 112 个人物或人形图像形貌、姿态、画面位置、图像组合关系等方面的综合分析，以图像数的多少排序，人物或人形图像依次分为 5 类：一是以马、牛、骆驼等为乘骑工具的骑者，他们的身份可能兼有猎人和牧人；二是处于牧养动物群（牦牛、公鹿、羊等）中间的行走人物，他们的身份应是牧人；三是手中持有弓箭弩机的徒步人物，他们也应兼有猎人和牧人的双重身份；四是正在从事具有仪式性质活动的群体人物，其身份也应是牧人；五是身形异于牧人和猎人的"人形"图像，他们或身姿怪异，或形体巨大，或在岩面上单独出现，推测应是地位特殊的"神灵"或"巫师"。简言之，人物或人形图像大致有 2 类：一是与牧人、猎人等普通人有别的神灵或神祇、巫师一类，他们可以沟通天地人神，是神灵意识"人形化"的产物；二是从事牧业生产的牧人群体，他们在畜牧生产中同时兼有捕获（野牦牛、公鹿）与猎杀（虎、豹）的职能和技术，所以具有牧人和猎人的双重身份。

19 处岩画遗存的人物图像中，未见有属于准军事组织的"武士"类人物，也未见具有首领、"王"等统治者形象特征的人物，由此推测岩画制作者所处时代尚无明显的人群分类、分层等社会特征。

（二）岩画的画面主题

画面主题指由图像或图像组合所表达的场景或情节、喻义或象征的指向。理解画面的主题，一是辨识画面中多个图像间的逻辑关联；二是区分同一岩面所有图像是否有制作时间早晚先后的不同；三是根据图像之间逻辑关联的分析，确定那些出现频次较高的"格套化"图像组合及其意义。

"画面"与"岩面"是不同的面形概念。前者是作者特定意图的图形化表达，同时也是作者的图像组合与对岩面（面积与形状）利用能力的表现；后者是指自然状态下承载岩画图像的岩体表面，它可以包含有多个画面。就今人对古人的理解而言，画面的完整性与图像的多少有关，仅有一二个图像的画面和多达数十个图像的画面，在表达与理解画面内容上来说是有差异的。简单说来，岩面上一次性完成的图像越多，对理解其画面主题越有帮助；反之，岩面上的图像虽较多，但属于多人、多次重复叠加制作而成的，分离画面和理解其主题就比较困难。根据对上述画面诸要素的分析，19 处岩画遗存点的所有"画面"在以动物图像为主的形式下所表现的内容主题，大致可归纳为畜牧、狩猎、神灵信仰三大类。

1. 畜牧

19 处岩画遗存的约 1000 个图像中虽然动物图像所占比重最大，但要确认"畜牧"主题，则需以"牧业行为人"（牧人）及其与对应动物图像的逻辑关联为据。据粗略统计，19 处岩画的数百个画面中仅有不到 20 个画面见有身份明确的牧人形象。牧人与对应动物图像之间的关联性可分为三种形式：一是居于牲群前、后或其中的骑者（骑牧人）；二是居于与前者位置相同的步行者（赶牧人）；三是处于牲群之中或旁侧从事其他生产行为的牧人，如牵引牲畜的牧人、捡拾牛粪的牧人、为驯养动物投放食料的牧人等。（图 6-1）

根据岩画中牧人的造型和行为指向，以及与之对应的动物、器物等情况，可以观察到当时高原畜牧业态的若干特征。例如，牧业人群拥有马匹、牦牛、骆驼乃至车辆作为骑乘工具（用于放牧及交通运输），说明当时已有规模、数量较大的牲群，存在活动范围较大的游牧生产，存在季节性或非季节性的中远距离草场转换。同时，可能也有规模较小的近距离散牧，即在兼有小规模农业生产的区域，牧业生产的活动范围相对固定。如岩画中的畜栏（或畜圈）图像以及捡拾牛粪（为燃料）的图像组合，都应是活动范围相对固定的牧业生产常态。（图 6-2）

据动物图像的分类统计，岩画中牦牛图像数与羊属图像数之比为 13∶1，在岩画作者对动物种类"选择性表现"的前提下，亦可理解为当时畜种应是以牦牛为主，羊类很少，这可能

图 6-1　岩画中的畜牧场景

是高海拔牧业的畜种结构特点（冬季漫长且多发雪灾，羊属的耐寒性相对较弱）。分类图像数居于第二位的公鹿（图像数 165，占动物图像总数的 22%）与牦牛图像数之比则为 3.8∶10，公鹿图像数、比重明显多于羊属，说明当时畜牧业生产可能包括对鹿科动物的驯养。如在章木岩画 3 号岩面中，两位骑马（骑牛）牧人领赶的牲群中除牦牛以外，还有将体形描画成与牦牛相似的公鹿图像。（图 6-3）在昂拉岩画 15 号岩面中，有站立在鹿群中的牧人为其抛投食料的场景。（图 6-4）类似的情节或场景在岩画中虽不多见，但皆是驯鹿意识及驯养技术的反映，即人们认为性情温顺的鹿科动物可以通过捕猎获得活体，并经过驯养与繁殖逐渐成为畜牧的物种之一。

　　2. 狩猎

　　19 处岩画中仅有少数画面是单纯表现狩猎主题的。如尕琼岩画 5 号岩面的中心有由 10 个图像构成的狩猎场景：被猎动物是两只公鹿，其身前、身后有两名狩猎者，一人张弓搭箭

图 6-2　岩画中的畜牧场景

图 6-3　岩画中的畜牧场景

正欲射发，另一人则身背箭囊随其旁侧，两人之间似有分工；画面中还有作为狩猎辅助工具的 6 只猎犬，画面右上角有一犬一鹿前后紧随，二者之间有一根线条相连，似乎意在表现奔逃的鹿已被追赶的猎犬所"控制"。画面对猎犬的刻画尤为着力，不仅在体形上将猎犬夸张成

图 6-4　岩画中的饲鹿场景

大于公鹿的图像，对猎犬轮廓线的琢制亦细密而精确，显示了人们对豢养猎犬的重视与依赖。
这幅画面显示了当时狩猎活动的一些特征，如狩猎的分工、辅助工具、特定的被猎对象等。
（图 6-5）

图 6-5　岩画中的狩猎场景

　　不过相对这类单纯表现狩猎的画面而言，绝大多数有狩猎活动的画面同时也都表现了畜
牧活动，这表明在当时的牧业生产中，放牧与狩猎并非截然分开的生产活动。这种狩猎 / 放
牧共存的情况，对于了解当时高海拔地区牧业生产的特征至为重要。（图 6-6）

　　首先，这显示当时通天河流域居民的经济生产模式已从狩猎 – 捕捞 – 采集阶段转型到了
以畜牧 / 游牧生业为主的阶段，并不存在专门从事狩猎生产的特定人群。通天河流域岩画所
表现的狩猎，皆可理解为一种随机的小规模活动，如岩画中常见有猎人手执弓弩面对虎、豹
等兽类动物，这显然是为保护牲畜免受野生动物袭扰的一种"被动"的猎杀行为，驱赶甚至
猎杀袭扰牲群的野生动物应是当时牧业活动的一种常态。

图 6-6　岩画中的狩猎 / 放牧场景

其次，大型动物的皮、毛、肉、奶、骨等是高海拔地区人群维系生存、发展生产的必需资源，而当时这类资源在很大程度上可能已由牧养动物提供，因此岩画表现的狩猎对象明显是有选择性的。第一类猎物是危害牲畜的虎、豹等食肉类猫科动物，它们是人们维持牧业生产必然要捕杀的动物。第二类是可用于扩大生产的野牦牛和食草类的鹿科动物，其中又以野牦牛为主。捕猎野牦牛和鹿科动物的主要目的，在于通过捕获、驯养、繁殖进而扩大畜养动物的规模数量（野生牦牛的捕获与驯养至今在高海拔地区的牧业生产中仍然存在），因此从实质上讲，对这两大类动物的捕获与猎杀都是牧业生产行为。

当然，其时的捕猎对象可能还有其他物种（如小型野生动物），但岩画表现的被猎对象皆为大型食肉类、食草类动物，这也从侧面说明当时牧业人群已有较高的狩猎技术水平。岩画中除见有骑猎、步猎和借助猎犬 / 猎鹰、陷坑、绳网等辅助工具的狩猎手段之外，最值得注意的是岩画中的"车猎"，如昂拉岩画 10 号岩面见有二畜及四畜（挽畜似为马）双轮车辆参与捕猎的图像组合。（图 6-7）车辆图像在中亚及中国北方地区乃至青藏高原的岩画中都有发现，通常被视为游牧部族的重要交通工具。昂拉岩画中的车辆为单辕、方舆、无辐条双轮、驷马或二马，显然是一种"高速"畜力车，通常被认为属于"战车"类型，而通天河流域岩画中并无群团间武装冲突的相关内容，因此此类车辆并非用于战事，亦非单纯的载重运输工具，其主要用途是猎捕大型动物。昂拉岩画中的车出现在猎捕（野生）牦牛的画面中，说明在追猎大型动物的快速移动中，"车猎"可能比徒步追猎或骑马围猎更为安全和有效，因为即使在现当代捕获野牦牛的技术难度也相当大，捕猎者除了要有能超越野牦牛奔跑的速度，还需有防止其攻击的安全措施。

就通天河流域的地形条件和当时的生产技术水平而言，"战车"类的畜力车辆参与狩猎是否是一种普遍现象，车的来源是本地制造还是通过交易从他地获得等相关问题的答案，还有待于更多的材料或证据加以明辨，但通天河流域岩画中车辆图像所传达的信息无疑是重要的，值得关注和进一步研究。

图 6-11　岩画中的"持鼓巫师"形象

图 6-12　岩画中神格化的鹰形象

饰上，鹿身的斑点状花纹被变形为前后两个涡漩纹，枝状鹿角变形为装饰化的波浪状或火焰状，公鹿的造型更具体态轻盈、奔跑迅速的特征。这可能与源自北方草原文化的"萨满"信仰有关，即"萨满"巫师们可借助鹿与鹰的神力进入天界从而与神相通，大约这正是"神格化"鹰、鹿图像的初始意义之所在[①]。

（三）岩画的岩面特点

　　本报告述及的约 1000 余个岩画图像分布在面积、形状各异的 142 个岩面上，这些岩面受高原地质构造和高寒风化的影响，背斜或向斜的岩体皆显破碎而零乱，因此岩画画面在形式上受到岩面平整度、肌理、形状的制约。就整体而言，所有岩画的岩面面积均较小，根据统计测算，142 个岩面中约有 100 多个岩面最大长度在 0.3~1.3 米之间，另有 20 个岩面的最大长度为 1.3~1.9 米，还有 4 个岩面的最大长度在 2 米以上，故通天河流域岩画的岩面面积绝大多数在 1 平方米以下。而绝大多数单体图像的最大长度在 10~20 厘米之间，最大者为 40 厘米左右，最小者仅 3 厘米。

　　岩画的"岩面"不同于"画面"，"岩面"主要体现岩画作者对自然物的"选择"，而"画面"则主要体现岩画作者对图像的创作与组合。通常情况下，一个岩面上经常遗存有早晚有别的多个图像，它代表着多人或多次在同一岩面的制作图像的选择意图和结果累积。本报告记录的 142 个岩面中，若干岩面都存在先刻画的图像与后刻画的图像相互重叠（即所谓"打破"和"叠压"）的现象。根据岩画制作中"位置优先"的原则[②]，通天河流域岩画中除昂拉岩画等通天河上游地点外，多数地点的岩画岩面上都有图像制作过程中的"位置选择"，即处于岩面中心位置（优先位置）的图像制作先于居于岩面边角部位的图像，或处于岩面中心位置的图像常被后制作的图像叠加、打破。此外，根据同一岩面多个图像在造型风格、制作水

① 李永宪：《西藏原始艺术》第 231~236 页，四川人民出版社，1998 年。
② 意大利岩画学者阿纳蒂（Emmanuel Anati）认为：岩画中"最先制作的图像可能居于岩面最佳（正中）位置，而后来制作的图像只能处于边缘或角落"。引自 2017 年 8 月 1 日西宁"玉树岩画国际论坛"发言摘要。

平上的差异，推测还存在后期岩画作者对前期图像的"模仿"。总而言之，在同一岩面重复制作、添加、模仿图像的行为，都提示了岩面位置与图像制作行为之间的一种内在关联，即在岩画遗存地经停、留居时间早晚有别的人们，他们对于岩画图像的表意、象征意义具有群体性的认同，并且这种认同意识可能持续了相当长的时段。

岩画制作中对岩面的选择，既包括对岩面大小、形状、肌理、色泽、岩性等物理要素的选择，更重要的则是对岩面倾角、岩面朝向的选择。根据现场观察和记录，本报告 19 处岩画绝大多数岩面与地表的夹角都在 90°~110° 之间，选择近于垂直的岩面制作图像，可能出于图像制作者的视线和使用工具的便利。而对岩面朝向的选择，则集中体现了岩面"朝阳"的特性，本报告所述 142 个岩面中有近 130 个岩面的朝向为东南（90°~180° 之间），近 10 个岩面的朝向为东北，仅有几个岩面朝向为西、西南。这个规律性的现象，首先应是源于高原人群的生活及劳作经验：高海拔地区朝向东南的岩面不论在冬季还是夏季，都是每天受阳光照射最早且光照时间最长的面向，即是一种方向认知；其次应是包含了古代牧人对自然界天象系统的认知，即太阳与气温、季节、牧草（生长）之间的关联，是一种尊崇和顺应阳光的意识。

（四）岩画的图像风格

通天河流域岩画与整个青藏高原岩画在图像风格上保持着一种共性。这种共性首先体现在图像的制作技法上，即通天河流域岩画的制作仍是以敲琢法为主，磨刻法、线刻法较少，基本不见涂绘法岩画。敲琢法在图像造型上又有"剪影式"和"线描式"两种，敲琢出的点状凹痕能自由地组成宽窄不同的线条，也可构成形状不同的块面，不太受岩面肌理及平整度的影响，便于一般制作者掌握运用。敲琢法"剪影式"造型具有结构自由、易于整修的优点，但在细节表现、纹样装饰、图形辨识度等方面不及"线描式"造型和线刻法、磨刻法图像，因此，通天河流域岩画在图像塑造上（尤其是动物图像）常以"剪影式"和"线描式"表现不同的对象，形成了具有图像分类意义的造型风格。例如，本报告多处岩画中的牦牛图像多用"剪影式"造型，而公鹿图像则多用"线描式"表现，这种针对两种动物造型的刻意区别，在青南高原岩画乃至整个青藏高原岩画中具有一定的普遍性，亦可视为青藏高原岩画图像风格的一个特点。

为何对牦牛、公鹿这两种动物采用不同的造型手法？这可以先从岩画动物的类别比重来认识。统计结果显示，本报告记录的全部动物图像中，牦牛和公鹿的图像数合占 80%（其中牦牛占 58%、公鹿占 22%），其他如羊、马、鹰、犬、猫科、骆驼等 6 类动物的图像数合占 20%。这个动物分类的比重当然是岩画作者"选择性表现"的结果，所以不能完全代表通天河流域的动物样态（野生动物＋驯养动物），但若将其与中亚岩画以及中国新疆、内蒙古、宁夏等省区的北方岩画同样"选择性表现"的动物分类比重相比较，可以发现二者间最明显的差异：通天河流域岩画中羊属动物明显少于中亚岩画和中国北方岩画，而岩画中的牦牛则大大多于中亚岩画和中国北方岩画。对这个差异的解读，首先可以理解为与青藏高原自然环境有关。牦牛（学名：*Bos mutus* 或 *Bos grunniens*）作为动物界特有珍稀牛种，是世界上唯一可与人类同在高海拔环境下生存的哺乳动物，故牦牛的自然分布是在以青藏高原为中心的中国西部高寒地区，其现生种绝对数量占全世界牦牛总数的 95% 以上，是整个青藏高原特殊地理环境的产物。其次，通天河流域岩画以牦牛为主的动物结构还可能与早期动物驯化有关。原始牦牛的进化史表明，青藏高原是现代牦牛驯化的发源地和中心区，而羊属（山羊、绵羊）动物驯化的发源地和中心区则是在青藏高原以外的西南亚或西亚、中亚地区，因而牦牛作为高原本土动物，它的驯化极有可能早于羊属动物，从而率先成为史前牧业的主要畜种。今天来看，青藏高原以牦牛为主的畜种结构早已发生了变化，绵羊、山羊的畜种比重已大大增升，而高原古今畜种结构的变化，也从一个侧面反映了高原本土物种与相邻地区物种在历史上的接触与交流。

从另一方面来看，岩画中牦牛和公鹿表现手法和造型风格的不同，可能还隐含了高原早期图像史中两种动物造型风格的不同渊源。根据考古材料分析，牦牛是青藏高原图像史上最早出现的畜种动物，除了早期岩画中的牦牛图像，在早期金属器具上也出现有牦牛图像，而且其造型风格完全一致，即牦牛造型为"剪影式"[①]。可以认为，"剪影式"牦牛造型在青藏高原早期图像史上应具有原创性，从其出现在具有"奢侈品"意义的有柄铜镜上看，此种造型样式可能还具有一定的"权威性"，使其成为被承继、被模仿的传统样式从而得到延续。

与牦牛的图像史不同，青藏高原岩画中典型的公鹿图像样式并不是本土起源。根据考古资料的对比，青藏高原岩画中最早、最典型的公鹿造型样式，当来自于中亚地区青铜时代的"斯基泰艺术"，其时代约当公元前两千纪左右。这类装饰化的公鹿及羊、虎、豹等动物图像构成了一种造型独特的"动物风格"（Animal Style），并普遍地出现在北方游牧文化的青铜工具、武器、饰件、石刻乃至岩画的图像中，在向东、向南的传播中，对亚洲其他地区的青铜文化产生过较为深远的影响，其中包括中国北方草原及黄河流域、西南山地，都见有这种"北方草原文化"风格的动物造型。青藏高原早期岩画中的公鹿造型，明显受到这种线条流畅、造型优美的"斯基泰艺术"动物风格的影响。具体来说，这种造型风格的公鹿图像主要有三个特征：一是对公鹿枝角的夸张变形，将枝角描画成在鹿头上方横向展开或沿鹿背向后展开的样式；二是对公鹿四肢及蹄部的细腻刻画，表现为鹿的前后肢呈略为后屈（或前屈）的跳跃状，鹿蹄刻画清晰或蹄尖呈立锥状；三是鹿身装饰纹样由前后两个"涡漩"构成，突出了鹿身"瘦腰"、善奔跑的特征。此外，在图像组合上则常见一种"豹逐鹿"的格套样式，表现为猫科动物（虎或豹）对鹿、羊等动物追逐、扑咬的图像组合。（图 6-13、图 6-14）青藏高原岩画的公鹿造型从一开始就是与"剪影式"牦牛造型不同的"线描式"，这种来自北方草原文化图像风格的渊源和影响，除了在公鹿图像的装饰纹样上表现突出，同时也出现在"豹逐鹿"等格套化的动物图像组合上[②]。从图像史的文化层面分析，来自中亚等北方地区的这种图像风格影响，其背景是青藏高原史前文化与北方游牧文化的全方位接触，其中的文化因素包括畜牧生业形态、工具器物制造技

[①] 承蒙西藏牦牛博物馆馆长吴雨初先生关照，笔者对该馆展示的一件"牦牛铜镜"做过较为详细的观察。这件有柄铜镜的背面近柄处，有一用錾花工艺制作的"剪影式"牦牛图像。此外，1990~1992 年发掘的拉萨曲贡遗址晚期石室墓地曾出土过一件形制相同的铜镜，并且在同样位置亦有同样工艺、同样造型（"剪影式"）的牦牛图像，两件铜镜应属同一时期的产品。又据中国社会科学院考古研究所、西藏自治区文物局：《拉萨曲贡》（中国大百科全书出版社，1999 年）认为，出土铜镜的石室墓为曲贡遗址的晚期遗存，其年代约当中原地区春秋战国时期，故可认为两件铜镜皆属青藏高原"早期金属时代"。

[②] "豹逐鹿"的岩画格套最早见于中亚萨彦岭 - 阿尔泰岩画，可能经由"内亚山地走廊"影响到青藏高原，在高原西部的印度河河源地区（中国西藏西部及境外拉达克 - 克什米尔地区）早期岩画中常见有此类例证。（李永宪：《对西藏岩画的几点认识》，2018 年 3 月在西藏自治区文物保护研究所的讲座）

术、图像风格样式乃至丧葬习俗、神灵意识等多个方面。因此，青藏高原岩画中公鹿图像的造型样式乃至神性意义的渊源，都与本土牦牛图像的发展历程有明显的不同。

图 6-13　岩画中的早期公鹿风格图像

图 6-14　岩画中的早期公鹿风格图像

综上所论，我们将青藏高原岩画中这种具有"斯基泰艺术"风格因素、装饰化特征明显的公鹿图像样式称为"早期公鹿风格"。本报告述及的青南高原岩画中，比较典型的例子有曲麻莱昂拉、称多赛康等几处岩画，其主要特征是：公鹿枝角展开较宽，前后肢呈略屈状，鹿身前后各有一个涡漩圆形，有明显的"瘦腰"特征（参见图 6-13）。这种"早期公鹿风格"的动物岩画在西藏西部日土和境外的拉达克－克什米尔一带岩画中颇为常见，并且在青藏高原连接中亚草原的"内亚高地走廊"（Mountainous Corridor of Inner Asia）阿尔泰山－天山－帕米尔高原等地岩画中亦可观察到多处例证[①]，显示了"早期公鹿风格"的源流关联。

在青南高原岩画较晚期的岩画中，公鹿造型风格逐渐发生了变化，"早期公鹿风格"那种线条流畅、装饰性强、体态轻盈的特征消失了，公鹿体形被描画成越来越接近牦牛、羊、马等动物的形态，只是公鹿图像的装饰化特征仍保持了一定的延续性，标志性的特征是将鹿身的两个涡漩圆形变化为一种概念性的横"S"形纹样，或变化为类似"花格纹"的装饰，故可以将这种变化了的样式称为"晚期公鹿风格"。两种不同风格的公鹿图像甚至可能出现在同一岩面中，根据"位置优先"原则可发现，处于岩面边缘位置的公鹿图像可能相对较晚，处于岩面中心位置的公鹿图像可能相对较早，说明存在后期作品对先期作品的模仿。（图 6-15、图 6-16）

---

① 李永宪：《对西藏岩画的几点认识》，2018 年 3 月在西藏自治区文物保护研究所的讲座。

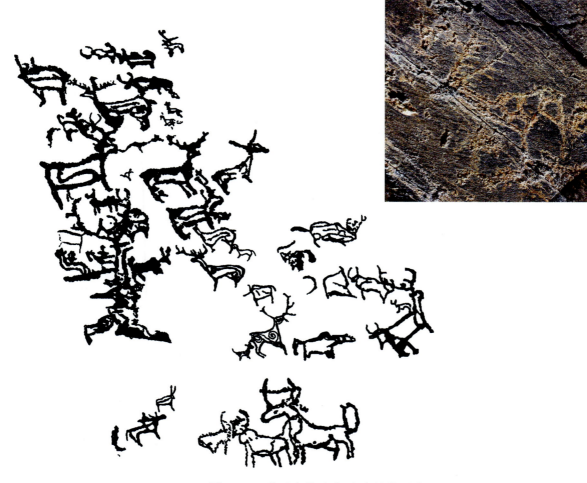

图 6-15 岩画中的晚期公鹿风格图像

图 6-16 同一岩面不同风格的公鹿图像

　　"早期公鹿风格"与"晚期公鹿风格"的变化或更替，在通天河流域岩画图像风格中具有一定的代表意义，它表明岩画制作在通天河流域有过较长时段的延续，外来的图像造型风格最终在本土化过程中发生了变异。另外，调查中还发现，具有"早期公鹿风格"的岩画主要分布在海拔较高的通天河上游及北岸，而具有"晚期公鹿风格"的岩画则主要分布在海拔较低的通天河下游或南岸支流的河谷地区，这种空间区位的差异，或提示以通天河为主轴的青南岩画在空间分布上，具有从西北向东南扩展的相对早晚过程。

三、通天河流域岩画的时代分析

对通天河流域岩画时代的判断，囿于历史文献及有效的测年技术，本报告的分析主要是基于岩画遗存本体及相关考古材料的诸种特征，由此探求比较符合实际情况的历时性标志。

（一）岩画的制作工具分析

通天河流域岩画绝大多数图像皆为"敲琢法"制作，通过对岩石表面近垂直方向的连续敲击，形成有色泽差异和凹面（阴面）效果的图形和图像。这种对岩面浅度破坏而生成图像的技术，有两个关键点值得深入分析：一是岩石硬度与敲击工具的硬度之比；二是琢击印痕形态与工具刃端形态的对应关系。

根据调查现场的观察判断，制作岩画的岩体其岩性大多属沉积岩、变质岩这两大岩类中的页岩、千枚岩、片麻岩、硬砂岩、云母片岩等，其硬度均在莫氏 7 度及以上[1]，因此从逻辑上来说，制作岩画图像的工具的硬度必须大于岩石的硬度。如果用尖状石器敲制岩画图像，那么这种石器的硬度必须大于莫氏 7 度，例如使用黄玉、刚玉、金刚石等硬度的尖状石工具，但这种可能性在古代高原岩画的制作中应是很小的，或基本可以排除，因为迄今未见有这类石质工具的考古学证据。

其次，根据对岩画图像琢痕形态的观察，大多数敲琢形成的点状凹痕平面为近圆形、短条形（亦称"米粒形"），少数近三角形，其直径或宽度多在 1~3 毫米之间，如经过统计的昂拉岩画图像琢点直径多在 1~2 毫米之间，深度 1~3 毫米（最深达 4 毫米）。琢点印痕的形态特征表明，敲击工具作用于岩面的刃端应是锐利的尖刃，而且其质性（硬度及韧度）必须能保持刃端的尖状形态在连续敲击中基本不变形，而这个质性（与所谓"压入硬度"相关）是一般石质工具不具有的，故本报告对"用尖状石器敲制出岩画图像"[2]的观点并不赞同。

通过对岩画琢痕的细微观察还可发现，那些处于图像轮廓边缘相对独立的琢点，或因琢击点稀疏而保存较完整的琢点，大多保留有清晰且锐利的边界，这表明它们是高硬度金属工具瞬间发力所产生的痕迹，而使用尖状石质工具在敲击过程中是无法留下边界清晰、锐利的琢痕的。因此，通天河流域岩画图像的制作尽管可能因敲琢工具的质性、刃端形态、敲击角度和力度、图像生成技术的熟练程度、岩石岩性及表面肌理等诸多原因，导致最终的图像效果不尽相同，但就整体而言，通天河流域岩画绝大多数图像的遗痕特征表明它们是尖刃金属工具所为，换言之，即使不能完全排除高硬度石质工具制作岩画图像的可能性，但制作岩画的主要工具应是金属器。岩画中捕猎大型动物使用的弓箭或弩机、双轮快速车辆等工具器物

---

① 德国矿物学家 F. 莫斯（Frederich Mohs）1882 年以十种矿物的划痕硬度为标准，定出十个硬度等级，称为"莫氏硬度"。十种矿物的莫氏硬度级次是：金刚石（10），刚玉（9），黄玉（8），石英（7），长石（6），磷灰石（5），萤石（4），方解石（3），石膏（2），滑石（1）。其中金刚石最硬，滑石最软。
② 在部分研究者论文及科普类文章中，这种观点比较常见，但均缺乏论证依据。

类的图像也都表明，岩画制作的时代已进入金属时代，结合青藏地区其他考古材料分析，青南高原史前期进入金属器时代的上限大致在距今 3500 年左右。

（二）岩画表现的生业技术

一般而言，牧业的形成与发展，除了一定规模的牲畜种群和生长量足够的草场，还应有一个重要的支撑因素，就是可以通过贸易交换获得其他生活必需品（如盐粮、金属器、陶器等），因此稳定的农业是畜牧业生长的基本条件。有关研究也已证明，青藏高原史前期的农业社会是先于牧业社会出现的①。从通天河流域岩画反映的社会特征来看，生产技术水平早已超越了"狩猎 – 采集 – 渔捞"的生业阶段，进入了比较成熟的牧业社会。例如拥有数量较多的大型畜种牦牛，驯养动物有马、犬、鹰等，可能还有鹿科动物；有骑猎、车猎、步猎等多种形式结合的捕猎方法，以及豢养猎鹰、猎犬和建造陷坑的狩猎辅助技术；有可用车辆、骆驼、马匹等交通工具进行转场、迁徙及中长距离贸易交流的能力；普遍使用金属（青铜、渗碳铁等）工具并以此制作岩画；未见有表现集团性武装冲突的岩画图像（军事组织或准军事人员）……总而言之，岩画指示的生业形态和生产技术都表现了一定的稳定性和较高的水平，通天河流域岩画所处的时代应早已超越了高原新石器时代的社会模式。

在反映牧业技术水平、具有时代标志的岩画中，最值得关注的还有车辆图像。对岩画人物图像的分类统计结果表明，以马、牛、骆驼等动物为乘骑工具的骑者在人物图像中数量最多，其身份是作为社会普通成员的牧人或猎人，如果加上车辆这类乘坐工具，可以发现，畜力交通工具在岩画所处时代与社会生活中已经比较发达。岩画的车辆图像在中亚、西伯利亚和蒙古高原出现较早，根据相关研究，通常认为双轮畜力车的出现和使用（图像与实物）是由西向东自北而南地扩散和传播，南西伯利亚和蒙古高原的车辆岩画大致可早到公元前 3000~ 前 2000 年左右②，因此青藏高原岩画中的车辆图像也不会早于这一时期。本报告记述的通天河流域岩画车辆图像主要见于曲麻莱、称多两县境内，如曲麻莱昂拉岩画的两个车图像皆为双轮，车轮不见辐条（可能为实心木轮），车轴上承方形车舆，单辕套二畜或四畜（从图像分析挽畜似为马），车后有一弓形物（或为追猎中的投掷工具）。依据图像中车辆的形制和挽畜配置可知，这类二马或四马的车辆当为车中的"快速车"，通常用于战事，在中国北方大约出现于春秋时期。结合青海省境内其他岩画遗存中的同类图像分析，这种车辆实物在青藏高原出现的时间应晚于北方地区，可能晚至秦汉时期，这与岩画表现的牧业社会诸技术特征基本吻合，代表着通天河流域岩画中的早期遗存。

（三）岩画的早期宗教特征

所谓"早期宗教"，在青藏地区主要指相对公元 7 世纪出现的佛教而言。

制作岩画的行为本身就有宗教信仰的因素。首先是源于"万物有灵"的意识而出现的各

---

① 李永宪：《略论西藏考古发现的史前栽培作物》，《中国考古学会第十次年会论文集》第 138~151 页，文物出版社，2008 年。
② 龚缨晏：《车子的演进与传播——兼论中国古代马车的起源问题》，《浙江大学学报（人社版）》，第 33 卷，第 26 页，2003 年第 3 期。

种神格化的动物（如鹰、鹿等）和祭献神灵的动物等图像，以及抽象化的符号和想象图像，如日、月、"雍仲"、神祇等。同时，岩画表达的内容还包括与仪式活动有关的人物组合、活动场所及特殊的人形图像。例如昂拉岩画中出现的身形怪异的"保护神"，这类身形超凡、头戴饰物、双臂上举的人形图像皆出现在狩猎及畜牧活动的场景中，可能暗示着古代牧业社会对具有"终极掌控权"的神灵的信仰。昂拉岩画还出现有可能正在举行仪式活动（祭拜）的列队人物（图 6-17），以及可能作为仪事活动场所的"凸"字形"祭坛"（亦称"石构遗迹"）等图像（图 6-18），这些图像及其组合都反映了高原早期宗教及神灵意识的行为和物化表征。相对较晚的治多县章其达岩画中，则出现了本土宗教的特定人物——"巫师"的图像，他们头戴冠饰、身着袍衣、左手执鼓、右手握槌（参见图 6-11），可能与所谓"早期苯教"有关系。简言之，青南高原岩画反映的早期宗教及神灵信仰的图像元素，具有早于佛教时期的诸多特征，故这类岩画的时代应不晚于佛教传入青藏高原的公元 7 世纪。

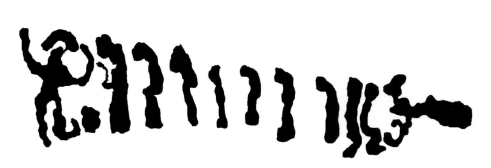

图 6-17　岩画中的仪式活动场景　　　　　　　　图 6-18　岩画中的
　　　　　　　　　　　　　　　　　　　　　　　　　　　　"祭坛"

（四）岩画时代的相对早晚

如前文所述，本报告的岩画遗存分布在地势上具有西北高、东南低的特点，在通天河北侧，从上游曲麻莱县 7 处岩画的平均海拔 4252 米降至下游称多县 3 处岩画的平均海拔 3985 米；在通天河南侧，从治多县 7 处岩画的平均海拔 4089 米降至下游玉树市 2 处岩画的平均海拔 3845 米。在地貌特征上，青南岩画则从通天河上游的荒滩宽谷地带过渡到下游的峡谷地带。在这样一个地理地貌的背景下，19 处岩画在制作技术、画面结构、图像风格等方面都可观察到一些差异。

此前有研究认为，青藏高原岩画中的敲琢法是相对较早的岩画制作方式，而线刻法和涂绘法则相对出现较晚[1]。在通天河流域岩画分布区，居于西北端的通天河上游岩画（以昂拉岩画为例）绝大多数图像都是敲琢法的"剪影式"造型，极少见有"线描式"的图像；而居东南端的通天河下游称多及其河南岸的治多、玉树等地的岩画则较多见有敲琢法的"线描式"造型，同时还有少量线刻法、磨刻法的图像，另外出现有双勾轮廓线的图像。岩画分布在西北、东南两端制画技法上的这种差异，显示通天河流域岩画不仅延续了一个较长的时间段落，

---

[1]　李永宪：《西藏原始艺术》第 179~180 页，河北教育出版社，2001 年。

同时可能还有历时性、地域性的相对早晚区别。

通天河流域岩画分布区西北、东南两端的岩画在画面结构（构图）上似乎也存在着某种差异。居西北端通天河上游的昂拉等处岩画多采用单个图像上下竖行排列，再由竖行图像按左右横向合成，形成比较规整、有序的画面结构；在同一岩面中极少见有增刻、仿刻的图像。这种井然有序的画面结构，体现了作者具有较高的构图水准和较强的图像叙事能力，即对自然岩面的一次性利用很充足，暗示了岩画制作行为本身可能具有的"仪式性"和"专业性"，而这种画面结构在整个青藏高原岩画中都比较少见（参见图3-27）。而居于东南端通天河下游及其南岸的多处岩画，在构图上则明显见有多次"位置选择"的迹象，即最先制作的图像位于自然岩面的中心位置（一般是岩面中心），其周侧或岩面的边缘位置又有其后多次制作的图像，或陆续出现在其上的加制（或仿制）图像，因而同一岩面图像繁杂无序、重叠/打破现象较多，图像风格及制作技法不甚统一的情况亦时有所见。这些现象显示了岩画分布区东南端岩画的制作在图像有序组合、图像叙事、岩面一次性利用等方面的能力或水平皆低于岩画分布区西北端的昂拉等多处岩画。

导致这些差异的原因推测有两种。一是岩画制作者的身份发生了某种变化，那些能精心构思、一气呵成制作昂拉岩画的"专业岩画者"在通天河下游地区似乎很少乃至消失，它从一种专业的技术行为转变成了人皆可为的普通技能，故在下游地区制作岩画已不再是仪式化、专门化的行为，因而在多个岩面上不断出现非第一作者加制、仿制的图像。另一个可能性是岩画的功能含义发生了延伸扩展，即从早期由专人展现、记录群体要事（如生产、生活、祭献、祈愿等）的仪式性作业，延伸扩展为一种出于个人意愿的图像制作：曾经的图像仪式程序变成了社会各个成员的意愿诉求。这种差异当是在岩画的延续过程中随着地域重心的转移而逐渐出现的。

此外，前文有关"早期公鹿风格"与"晚期公鹿风格"的分析，在地域分布上也体现了东南、西北两端的差异，即有"早期公鹿风格"的岩画主要分布于通天河上游的高海拔地区，而有"晚期公鹿风格"的岩画则主要分布在通天河下游海拔较低的河谷地区。与之类似的动物图像风格变化，在鹰的图像造型中也有体现，通天河上游北岸岩画中排列成行的鹰（猎鹰）图像在通天河下游及其南岸的岩画中基本不见，取而代之的是头有牛角、双翅展开的正面的鹰图像（参见图6-12）。最后还可发现，通天河下游及其南岸岩画中具有晚期特征的图像比较多见，如与佛教文化相关的塔形物、"卐"形雍仲符号等，还有一些如带鞍马匹、执旗骑马人物、长靴等晚近特征明显的图像（参见图2-63），这表明直至晚近时期岩画的制作在这些地区仍在延续。

综上所述，我们认为通天河流域岩画在通天河及其两岸支流地区经历了比较长的存续时间，根据岩画图像风格和内容的诸特征分析比较，通天河流域岩画大体上可以分为早、晚两个时期，在整体上，通天河上游北侧岩画的时代可能相对较早，通天河下游及其南侧支流岩画的时代可能相对较晚。从制画技法、画面结构、图像风格、晚近图像因素等多个方面表现出的特征来看，通天河流域岩画在较长时期的存续中具有从西向东、由北及南扩展的趋势。参考青南地区其他遗存（如古遗址、古墓葬等）的测年数据，我们推断本报告19处岩画的大致时代范围为：早期岩画大致在距今3000~1300年，晚期岩画大致为距今1300~500年。

四、通天河流域岩画的文化意义

考古材料显示青南高原早在七八千年前就已有一定规模的人群居住，及至约距今五六千年的新石器时代，青南高原的东南部成为青藏高原与黄河上游地区粟作农业文化接触的前沿地带，高原史前人群的生存方式及活动地域出现了新的变化。在此基础上，通天河中下游流域的河谷地区在距今 5000 年左右已形成了兼有粟类农作和狩猎采集的定居人群及其文化，并由此促进了青南高原畜牧生业的发端，通天河流域遂成为多种文化和生业模式交互作用的重要地区。根据柴达木盆地南侧的诺木洪文化等青海省青铜时代遗存的特征分析，大约在距今 3500 年前后，青南高原已发展出比较稳定的高海拔牧业文化，岩画所展现的，正是公元前一千纪以降古代畜牧／游牧文化的诸种特征。

通天河流域岩画是牧业文化的代表性遗存，因而它的传播、分布也都显示了牧业文化的发展趋向与特点。岩画所代表的早期畜牧／游牧文化与整个青藏高原高海拔地区的古代文化之间有着明显的共性，如畜牧方式以游牧为主，定点的散牧较少，牧业生产有一定距离的季节性或非季节性转场，畜种结构以牦牛为主，马和羊属动物较少；狩猎是牧业生产的组成部分而非单纯的生业方式，猎获对象以可驯化、增扩为畜种的野牦牛为主；牧业社会的内部结构可能是比较松散的部落制，人口规模大大小于较低海拔的河谷农业生态区，部落内部没有明显的阶级分层，很少发生有规模的群团武力冲突。在物质技术方面，牧业生产中已大量使用金属工具（如高硬度的渗碳铁器）；岩画中骆驼、马匹、畜力车等图像表明游牧生产中的转场提升了牧业人群因长距离移动而对高原交通路线的熟悉，古代牧民已有较远行程距离的贸易通商和物资交流。牧业社会普遍存在万物有灵的信仰意识，类似"萨满"的巫师在早期宗教中具有沟通天地人神的作用，牧业社会的"神灵"意识还包括对各种神祇祭献牲畜、祈求护佑的习俗传统。

综合通天河流域岩画的遗存环境、制作技术、图像风格、画面结构、内容要素等多方面的特点分析，本报告 19 处岩画在近 2.8 万平方千米的范围内，显示了"西早东晚"和"北早南晚"的总体趋向。这个趋向在文化层面可能指示了两种动态变化：一是青南地区高海拔牧业人群与低海拔河谷农业人群的融合时间可能具有空间地域上的早晚顺序，即牧、农文化在青南高原的接触时段和接触程度可能存在局部区域上的差异；二是与由于草场条件、海拔高度、气候环境、地形地貌等类同因素而出现的高原游牧人群"同纬度移动"，即整个青藏高原早期牧业人群迁徙移动的主方向是纬度相近的东西向。结合高原古代历史的诸多现象及其相关研究，可以认为青藏高原"两高地区"（高纬度、高海拔）游牧文化相对于低海拔河谷地区以农为主的文化，较长期的保持着相对稳定的状态，其生业模式的变化很小，其迁徙移动对其社会形态的改变亦十分有限，这些特点一直延续到历史时期"两高地区"少变的部落制社会形态上，以及地域性藏语"安多方言"与"卫藏方言""康方言"的区别上。

通天河流域岩画与藏北高原岩画、阿里高原岩画展现了青藏高原早期游牧部落在东西向移动中形成的"岩画走廊"。在这个广袤的"北方台地"上，岩画传递了青藏高原早期历史的许多重要信息，它们中有来自中亚图像艺术的"动物风格"，有可能来自北方草原的双轮畜力车，有来自早期"丝路"交通贸易的骆驼以及金属器具，更有对本土特有动物"高原之舟"牦牛最生动和最具神韵的刻画；还有反映早期神灵信仰和本土宗教的各种神祇，以及能跃升天界神域的"神鹿"……高原文化中已绵延数千年之久的"刻石为像"习俗，最早当起源于岩画，并由此形成了青藏高原独有的"岩石艺术"。

在青藏高原新石器时代以后、吐蕃政权崛起之前的无文字时代，畜牧／游牧文化在高原文明的进程中产生过至为重要的推动作用。在特定的历史条件下，畜牧生业特别是游牧生产在很大程度上对青藏高原的远程贸易、文化交流、技术传播，乃至古代疆域观和领地意识的形成，都有过重要的贡献，而岩画则正是这一历史阶段文化景观的形象化表现。

附　录

附录一　通天河流域岩画遗存地点统计表

序号	行政区属	岩画遗存地点名	三维地理坐标	位置环境	制作方法	岩面及图像简况	资料来源
1	治多县	毕色	北纬33°46′26″，东经95°55′66.47″，海拔4104米	登额曲河左岸（西北岸）一级阶地后缘	敲琢法磨刻法线刻法	2组16个岩面共116个图像，为动物、人物、塔、符号等。	[1]
2	治多县	普卡贡玛	北纬33°44′86″，东经95°56′00.21″，海拔4109~4144米	毕色地点以北（下游）约2千米，登额曲河左岸谷坡	敲琢法磨刻法线刻法	3个岩面共3个图像，为动物、塔等	[1]
3	治多县	冷培塔	北纬33°45′04.38″，东经95°56′26.74″，海拔4047~4095米	普卡贡玛以北（下游）300米处，登额曲河左岸阶地前缘，距河面30米	敲琢法线刻法	3组5个岩面共15个图像，为动物、人物、塔等	[1]
4	治多县	角考	北纬33°45′50″，东经95°57′29″，海拔4087米	冷培塔东北（下游）约2.5千米处，河流左岸一级阶地前缘，距河15米	敲琢法线刻法	1个岩面共9个图像，皆为动物	[1]
5	治多县	尕琼	北纬33°45′46.06″，东经95°58′05.21″，海拔4025米	角考东北（下游）约300米处，河流左岸二级阶地前缘	敲琢法线刻法	7个岩面共21个图像，为动物、人物、塔、符号等	[1]
6	治多县	章其达	北纬33°46′08.93″，东经95°58′29.48″，海拔4046~4091米	尕琼东北（下游）约1千米处，河流左岸谷坡	敲琢法磨刻法	2组11个岩面共41个图像，以动物为主，另有塔形物、人物、帐篷等	[1]
7	治多县	岗龙俄玛	北纬33°47′30″，东经96°70′20″，海拔4115米	章其达东北（下游）约3.5千米处，河流左岸谷口地带	敲琢法	1个岩面共7个图像，有动物、符号等。	[1]
8	治多县	客尤山	北纬33°39′48″，东经96°44′14″，海拔4018米	登额曲入通天河处南岸，河谷谷口地带属立新乡叶青村三组	敲琢法	3个岩面共67个图像，有动物、符号、帐篷等大石岩画	[2]

序号	行政区属	岩画遗存地点名	三维地理坐标	位置环境	制作方法	岩面及图像简况	资料来源
9	治多县	秀各崇	北纬 33°48′24″，东经 96°05′28″，海拔 4042 米	立新乡叶青村三组，登额曲与通天河交汇处的客尤山西北角	敲琢法	2 个岩面共 7 个图像，有人物和动物	[3]
10	治多县	苏轨		属立新乡叶青村，客尤山北坡，通天河南岸阶地地面	敲琢法大石岩画	27 块大石岩画共 86 个图像，有人物、动物、车轮、符号等	[3]
11	曲麻莱县	昂拉（昂然）	北纬 34°81′61″，东经 94°77′73″，海拔 4406 米	曲麻河乡昂拉大队，距楚玛尔河入通天河汇口处 14 千米，南距拉垄沟口哈洽寺 2 千米，宽谷地带	敲琢法	45 个岩面共 760 余个图像，包括动物、人物、神灵、车辆、建筑、符号等	[4]
12	曲麻莱县	让雄	北纬 34°48′42″，东经 94°46′29″，海拔 4367 米	曲麻河乡昂拉村境，昂拉岩画以西约 5 千米，曲麻河左岸谷地	敲琢法	6 个岩面共 16 个图像，有动物、符号等	[3]
13	曲麻莱县	良扎		曲麻河乡驻地以北约 4 千米处，曲麻河左岸谷地	敲琢法	1 个岩面共 4 个图像，为动物和符号	[3]
14	曲麻莱县	治龙	北纬 34°78′，东经 94°83′，海拔 4386 米	曲麻河乡昂拉村，东距曲麻河乡驻地约 20 千米，楚玛尔河左岸河谷草场	敲琢法	7 个岩面共 49 个图像，包括动物、畜圈等	[5]
15	曲麻莱县	章囊	北纬 34°89′60″，东经 94°93′66″，海拔 4309 米	曲麻河乡昂拉村以东，楚玛尔河左岸略呈北南走向的山谷谷坡西侧	敲琢法	11 个岩面共 83 个图像，包括动物、人物、符号等	[5]
16	曲麻莱县	樟玛（扎麻）	北纬 34°85′30″，东经 94°87′28″，海拔 4479 米	曲麻河乡驻地以西约 12 千米樟玛沟北缘基岩上	敲琢法	3 个岩面共 22 个图像，包括动物、人物等	[5]
17	曲麻莱县	勒池	北纬 34°41′，东经 94°24′，海拔 4252 米	曲麻河乡勒池村，通天河北岸沟谷谷口，距河面 157 米	敲琢法	12 个岩面共 47 个图像，包括动物、人物、符号等	[2]
18	曲麻莱县	聂扎巴玛	北纬 34°56′，东经 94°44′，海拔 4445 米	曲麻河乡昂拉二村，通天河北岸山谷谷底，牧民顿珠家草场	敲琢法	1 个岩面共 8 个图像，为动物、符号等	[2]
19	曲麻莱县	荣雄	北纬 34°49′，东经 94°44′，海拔 4367 米	地属曲麻河乡，囊曲河北岸谷底基岩，牧民甲央维色家草场	敲琢法	1 个岩面共 16 个图像，为动物、符号等	[2]

续表

序号	行政区属	岩画遗存地点名	三维地理坐标	位置环境	制作方法	岩面及图像简况	资料来源
20	曲麻莱县	格玛	北纬 34°55′33″，东经 95°29′46″，海拔 4523 米	地属秋智乡，琼荣沟谷坡基岩，附近有山称"曼扎贡"	敲琢法	1 个岩面共 7 个图像，为车辆、人物、动物等	[2]
21	曲麻莱县	扎夏吾	北纬 33°57′41″，东经 96°01′44″，海拔 4408 米	地属约改镇岗当一队，距县城约 60 千米，通天河北岸宽谷地带	敲琢法	1 个岩面共 6 个图像，均为动物	[3]
22	曲麻莱县	塔琼（江荣）	北纬 33°47′47″，东经 96°07′21″，海拔 4100 米	地属约改镇岗当一队塔琼村，沟谷谷坡底部，距县城 72 千米	敲琢法大石岩画	60 个岩面共 223 个图像，有车辆、人物、动物、符号等	[2]
23	曲麻莱县	塔仲	北纬 33°50′09″，东经 96°33′32″，海拔 4243 米	通天河北岸拉觉科山谷中	敲琢法	1 个岩面共 18 个图像，有人物、动物等	[3]
24	曲麻莱县	觉栋	北纬 33°49′12″，东经 96°31′56″，海拔 4018 米	通天河北岸拉觉科山谷塔仲岩画西侧 300 米	敲琢法	8 个岩面共 51 个图像，有人物、动物等	[3]
25	曲麻莱县	达宗	北纬 33°58′44″，东经 96°32′04″，海拔 4213 米	通天河北岸拉觉科山谷觉栋岩画西侧 150 米	敲琢法	1 个岩面共 29 个图像，皆为动物	[3]
26	曲麻莱县	旭娘达	北纬 33°48′52″，东经 96°31′31″，海拔 4121 米	通天河北岸旭娘达山谷谷口，达宗岩画西侧 800 米	敲琢法	1 个岩面仅 1 个动物图像	[3]
27	曲麻莱县	孜曲	北纬 33°54′10″，东经 96°30′50″，海拔 4154 米	距巴干乡驻地约 3 千米的北山沟山体南部	敲琢法线刻法	1 个岩面共 5 个图像，包括人物、动物等	[3]
28	曲麻莱县	巴干（宗青）	北纬 33°52′，东经 96°29′，海拔 4010 米	巴干乡驻地西南约 3.5 千米处的代曲河右岸，公路北侧基岩，距河面 20 米	敲琢法	1 个岩面 2 组共 12 个图像，皆为动物	[5]
29	曲麻莱县	章木（章木山、统吉、仲莫）	北纬 33°48′，东经 96°28′，海拔 3966 米	巴干乡红旗二队章木山，布曲河北岸谷坡，距河面约 20 米	敲琢法	3 个岩面共 28 个图像，包括动物、人物等	[5]
30	曲麻莱县	叶西伦巴（尼西查加）	北纬 33.9790 度，东经 96.5346 度，海拔 4206 米	巴干乡叶西伦巴村，代曲河左岸一级阶地后缘，距河面 100 米	敲琢法	1 个岩面共 10 个图像，为动物、符号等	[5]
31	曲麻莱县	曲孜	北纬 33°53′54″，东经 96°30′50″，海拔 4169 米	巴干乡驻地以北 3 千米的北山沟山体基岩上	敲琢法	1 个岩面共 5 个图像，包括骑马人物、动物等	[2]

序号	行政区属	岩画遗存地点名	三维地理坐标	位置环境	制作方法	岩面及图像简况	资料来源
32	玉树市	夏英章那（云塔）	北纬 33°34′，东经 96°23′，海拔 4076 米	哈秀乡云塔村三组，益曲河右岸山体下部	敲琢法磨刻法线刻法	3 个岩面共 23 个可辨识图像，皆为动物	[6]
33	玉树市	麦松	北纬 33°18′，东经 96°59′，海拔 3615 米	通天河南岸麦松村东北侧，河流一级阶地前缘基岩	敲琢法	13 个岩面共 55 余个图像，包括动物、人物、符号等	[6]
34	玉树市	布朗	北纬 33°18′25″，东经 96°59′55″，海拔 3625 米	通天河南岸布朗村东北 2 千米处，河谷基岩	线刻法	1 个岩面共 2 个图像，皆为动物	[2]
35	玉树市	觉色	北纬 33°16′59″，东经 97°00′36″，海拔 3777 米	通天河南侧沟谷中，属仲达乡塘达牧委会，距沟口通天河河岸 1.2 千米	敲琢法	10 个岩面共 64 个图像，包括有动物、人物、符号等	[2]
36	玉树市	东达		通天河南侧东达沟，属仲达乡	敲琢法	1 个岩面仅 1 个动物图像	[3]
37	玉树市	巴塘	北纬 32°54′56″，东经 96°54′40″，海拔约 3700 米	通天河南侧东达沟，属仲达乡	敲琢法	1 个岩面共 8 个图像，为动物、塔形建筑	[3]
38	称多县	木秀（木苏）	北纬 33°35′，东经 96°42′，海拔 3910 米	尕朵乡卓木齐村木秀沟右侧谷底基岩，距细曲河汇口 3 千米	敲琢法	5 个岩面共 82 个图像，包括动物、人物、符号等	[6]
39	称多县	卡龙	北纬 33°39′，东经 96°44′，海拔 4027 米	尕朵乡驻地以东 3 千米，卡曲河右岸谷坡底部基岩面，距河面约 120 米	敲琢法	2 个岩面共 5 个图像，皆为动物	[6]
40	称多县	周夏	北纬 33°39′35″，东经 96°45′29″，海拔 4096 米	地属尕朵乡卡吉村，东距乡驻地约 5 千米	敲琢法	5 个岩面共 26 个图像，为动物、车轮、塔形物等	[3]
41	称多县	达才	北纬 33°39′75″，东经 96°45′97″，海拔 4073 米	地属尕朵乡卡吉村，距通往县城公路约 5 米的山体基岩上	敲琢法	1 个岩面仅 1 个图像，为骑牛人物	[3]
42	称多县	赛康	北纬 33°44′22″，东经 96°40′28″，海拔 4019 米	赛康寺南 5 千米，细曲河右岸谷底基岩，距河岸 10 米	敲琢法	1 个岩面共 19 个图像，皆为动物	[6]
43	称多县	东果（嘎日）	北纬 33°27′58″，东经 96°59′45″，海拔 4123 米	称文镇尕藏寺西 17 千米，代曲河北侧支流嘎日曲东岸	磨刻法	2 个岩面共 11 个图像，为棋盘、动物等	[2]

续表

序号	行政区属	岩画遗存地点名	三维地理坐标	位置环境	制作方法	岩面及图像简况	资料来源
44	称多县	更卓		称文镇朵藏寺西11千米，距细曲河入通天河汇口处1.4千米，属岗茸村更卓社	敲琢法	12个岩面共108个图像，有人物、动物、符号、佛塔、棋盘等	[2]
45	称多县	拉贡		地属称文镇，乡村公路东侧基岩	敲琢法	2个岩面共7个图像，有动物、符号、佛塔等	[2]
46	称多县	夏帕吾	北纬33°26′40″，东经97°07′15″，海拔4200米	地属称文镇上庄的希娘沟，沟内约1千米处的夏帕吾	敲琢法线刻法	5个岩面共16个图像，以动物为多，另有佛教符号等	[3]
47	称多县	东廓	北纬33°15′92″，东经97°00′46″，海拔3609米	地属拉布乡，通天河渡口白塔以南约2.5千米	敲琢法	1个岩面共5个图像，皆为动物	[3]
48	称多县	布日	北纬33°23′49″，东经96°58′09″，海拔3979米	地属称文镇白龙村，距县行政驻地约1.5千米的宽谷谷坡	敲琢法大石岩画	67块大石岩画共403个图像，有人物、动物、塔形物、棋盘、太阳等符号	[3]
49	称多县	科瓦	北纬33°24′16″，东经96°58′35″，海拔3848米	地属称文镇白龙村，布日岩画以北约1千米的宽谷谷坡	敲琢法大石岩画	10块大石岩画共49个图像，有人物、动物、棋盘、符号等	[3]
50	称多县	夏吾董	北纬34°09′56″，东经96°57′05″，海拔4678米	地属清水河镇中卡村，距中卡村约30千米，高山草甸宽谷	线刻法大石岩画	3块大石岩画共3个图像，均为动物	[3]

说明：

1. 表中内容除本报告记述的19处岩画外，其余皆摘录自已出版的书籍文献。

2. 表中"岩画遗存地点名"皆为藏语读音的汉字写法，凡与本报告所用字词不同的写法，均加括号列于其后，如昂拉（昂然）等。

3. 表中"三维地理坐标"来自田野调查现场测定，因测量工具的不同，未能完全做到读数格式统一，请引用时留意。

4. 资料来源：

[1] 青海省文物考古研究所、四川大学历史文化学院考古学系及中国藏学研究所、成都文物考古研究所等2012年7月的调查。

[2] 尼玛江才编著：《玉树岩画·通天河卷》，青海人民出版社，2016年。

[3] 拉日·甲央尼玛：《玉树岩画考察》，四川民族出版社，2018年。

[4] 玉树藏族自治州文物管理所原所长朵玛图嘎发现（据2009年3月29日07：42新华网：张进林、杨寿德报道）；2012年5月、2014年7月青海省文物考古研究所、四川大学历史文化学院考古学系及中国藏学研究所、成都文物考古研究所的调查。

[5] 青海省文物考古研究所、四川大学历史文化学院考古学系及中国藏学研究所、成都文物考古研究所等2014年7月的调查。

[6] 青海省文物考古研究所、四川大学历史文化学院考古学系及中国藏学研究所、成都文物考古研究所等2014年8月的调查。

附录二　主要参考书目

［1］张忠孝：《青海地理》，科学出版社，2016年第2版。

［2］国家文物局主编：《中国文物地图集·青海分册》，中国地图出版社，1996年。

［3］汤惠生、张文华：《青海岩画——史前艺术中二元对立思维及其观念的研究》，科学
出版社，2001年。

［4］李永宪：《西藏原始艺术》，四川人民出版社，1998年；河北教育出版社，2001年。

［5］尼玛江才编著：《玉树岩画·通天河卷》，青海人民出版社，2016年。

［6］四川大学中国藏学研究所编：《藏学学刊》第16辑，中国藏学出版社，2017年。

［7］拉日·甲央尼玛：《玉树岩画考察》，四川民族出版社，2018年。

英文提要

This report covers survey work and preliminary research on rock art in Qinghai Yushu Tibetan Autonomous Prefecture conducted from 2012 to 2014 by the Institute of Cultural Relics and Archaeology, Qinghai Province, the Department of Archaeology of the School of History & Culture, Sichuan University, the Center for Tibetan Studies of Sichuan University, and the Chengdu Cultural Relics and Archaeology Research Institute. The report is divided into six chapters that introduce the natural environment, human geography, and field work conducted on the southern Qinghai Plateau, recording 19 rock paintings found in Zhiduo County, Qumalai County, Yushu City and Chengduo County, and summarizing the results of preliminary analysis conducted on this group of rock art.

These 19 rock art locales are all located along Tongtian River and other northern and southern tributaries of the Yangzi River close to its source. They are located between 33°44'-34°89' northern latitude and 94°77'-96°70' eastern longitude at an elevation of 3615-4479 m. The survey recorded 1250 individual images on 142 rock faces at 19 locations, nearly 1000 of which could be identified. They included 742 animal images and about 200 depictions of people, gods, buildings, symbol, vehicles, tools and other objects. The themes of the images mostly comprise scenes of animal husbandry, hunting, and god worship.

Preliminary research on the survey findings suggests that the scenes in these rock images from the Tongtian River Basin depict wild animals and the nomadic lifestyle of the 1st millennium BC. The earlier rock images are considered to date to 3000BP-1300BP, the later to 1300BP-500BP. Across the 28000 km^2 where these images were found, they seem to spread from west to east and from north to south with the Tongtian River as vertical axis, the images upstream and along the northern tributaries being earlier than those downstream and along the southern tributaries.

According to the analyses conducted so far, yak and male deer account for the majority of animal images (80% altogether, 58% yak, 22% stags) , while other animal images such as sheep and horse and domesticated animals are rare. This is very different from the rock art of the Central Asian and northern Chinese where sheep and horse imagery are prominent, reflecting major environmental and cultural differences between these two regions and southern Qinghai Plateau. From the Tongtian River to the center of the Qinghai-Tibetan Plateau to the Ali Plateau in the west runs a "Plateau Rock Art Corridor" which traverses the northern plateau of early nomadic groups.

The discovery and research on the rock art of the Tongtian River Basin Plateau provides important pictorial evidence for cultural developments on the Qinghai-Tibetan Plateau for the important period from after the Neolithic to the establishment of the Tubo.

后　记

　　本报告是 2012~2014 年青海省文物考古研究所、四川大学历史文化学院考古学系及中国藏学研究所、成都文物考古研究所对玉树州部分县市联合开展岩画专题调查的主要收获。从前期立项到田野调查、资料整理、报告撰写、筹备出版的整个过程中，青海省文物考古研究所原所长任晓燕及副所长贾鸿键、乔虹，四川大学历史文化学院院长、中国藏学研究所所长霍巍，成都文物考古研究院副院长江章华等对该项工作始终予以高度重视，积极组织本单位人员在田野阶段或整理研究阶段分担了各项任务。

　　本报告采用分工合作的方式完成。文字部分的分工是：第一章、第六章由李永宪执笔，第二章由马春燕执笔，第三章由蔡林海、李佩执笔，第四章由李佩、李帅执笔，第五章由李佩执笔，其余文字、附录和全稿的统筹修订校对由李永宪完成。报告所用插图与照片由蔡林海、马春燕、何元洪、李佩、李帅、杜玮、朱德涛、潘绍池、李永宪、唐莉等提供或制作。

　　在三个年度的田野调查和后期资料整理中，先后参加工作的有：

　　青海省文物考古研究所贾鸿键、蔡林海、刘臣、刘铸、顾希娟、秦岩等；

　　四川大学历史文化学院考古学系及中国藏学研究所李永宪、何元洪、杨锋、陈亚军、杜玮、朱德涛、潘绍池、李冀源、赵其旺、格桑卓嘎、张景龙、韦松恒等；

　　成都文物考古研究院江章华、马春燕、李佩、苏奎等；

　　玉树州文物局索南旦周、治多县文化局江才龙珠等。

　　感谢上述人员在三年田野工作和资料整理工作中的努力和艰辛付出，感谢玉树州文化、文物主管部门和各县人民政府、文化职能部门对调查工作给予的有力支持，感谢调查所到各地的村民们对田野工作的支持与帮助。对本报告"内容简介"的英文翻译者牛津大学考古学副教授 Anke Hein 表示由衷的谢意，特别感谢本报告责任编辑黄曲女士耐心细致的图文编辑工作和认真负责的编辑作风。